AF156502

ERLEBNIS- UND BILDUNGSANGEBOTE

Auf Entdeckungstour

in

Geschichte, Kunst und Kultur

ZUM GELEIT

Es ist bereits eine schöne Tradition geworden, dass die Museen in Deutschland Erlebnis- und Bildungsangebote speziell für die heranwachsende Generation bereithalten. Die Verbände der Museenlandschaft orientieren dabei nicht so sehr auf Faktenwissen, sondern wollen den jeweiligen Zusammenhang des Museumsgegenstands mit gleichzeitigen Entwicklungen und Ereignissen in der menschlichen Gesellschaft dargestellt und erläutert sehen. Das verbessert die Aufnahme und vermittelt Spaß, es lässt eigene Vergleiche und Erfahrungen ggfs. auch Erinnerungen zu.

Erstmals in Brandenburg wurde dies am Beispiel der Musik im Scharwenka Kulturforum Bad Saarow im Jahre 2014 entwickelt und wird nun, ständig weiter qualifiziert und ergänzt, fortgeführt.

Neben dem Leben und Werk der Scharwenka Brüder und ihre zahlreichen Verbindungen zu anderen Komponisten, Musikern und Musikpädagogen in Europa und Nordamerika im 19. Jahrhundert und beginnenden 20. Jahrhundert wird die Musik der Romantik in ihren Facetten thematisiert. Dazu dient das Musikermuseum mit dem Vortragssaal für über 70 Personen in dem u.a. auch die Entwicklung und Technik des Klaviers am Beispiel eines Bechsteinflügels von 1897, eines Reproduktionsklaviers Steinway- Welte von 1925 und Beispiele der Speicherung und Wiedergabe von Musik erlebbar sind.

Die Sammlungen an historischen Konzertflyern, Plakaten von Konzerten mit Musik der Scharwenka Brüder, Notendrucken und Musikliteratur sowie verschiedenen Tonträgern stehen zur Verfügung.

Die Wechselausstellungen zur „Kunst und Kultur am Märkischen Meer" im Obergeschoss des Kulturforums ergänzen die der Musik gewidmeten Bereiche durch ortshistorische Aspekte.

Mit dem Angebot, vertiefender Informationen aus dem Computer, Kurzfilme zum Thema und Musikaufnahmen der Werke beider Komponisten und ihrer Zeitgenossen hören und vergleichen zu können, sind interessante Aufenthalte gestaltbar.

Peter Wachalski
Vorsitzender der Scharwenka Stiftung Bad Saarow

INHALTSVERZEICHNIS

Einleitung

Ein Lernort, nach dem Sie bestimmt schon lange gesucht haben.

Sicherlich sind Sie, liebe Lehrer und Lehrerinnen, liebe Eltern, stets auf der Suche nach neuen Wegen, den Kindern nicht nur „Lernstoff", sondern vielmehr Werte zu vermitteln, ihnen Gelegenheiten zu geben, gesellschaftlich-kulturelle Zusammenhänge zu erkennen, Kreatives auszuprobieren u.a.m. Und all dies auf eine Art, die auch Freude bereitet und Erlebnis ermöglicht.

Genau in diesem Sinne steht Ihnen das Scharwenka Kulturforum in Bad Saarow als Erlebnis- und Bildungsstätte, oder wenn Sie so wollen, als außerschulischer Lernort zur Verfügung.

Wir laden Sie herzlich ein, dieses kulturelle Kleinod mit den Kindern und Jugendlichen zu besuchen.

Ein Besuch lohnt sich auf jeden Fall. Denn die jungen Leute werden hier in diesem Hause viel Interessantes sehen, hören und ausprobieren, was sie wahrscheinlich bisher noch nicht kannten oder erlebt haben.

Natürlich spielt dabei die klassische Musik der Scharwenka Brüder eine große Rolle, besonders jene von Xaver, der als einer der bedeutendsten Künstler des internationalen Musiklebens Ende des 19. / Anfang des 20. Jahrhunderts gilt.

Aber auch über Künstler und weitere Persönlichkeiten des öffentlichen Lebens, die in und um Bad Saarow lebten bzw. leben, wird anschaulich informiert. Sie, liebe Lehrer und Lehrerinnen und Sie, liebe Eltern, werden viele bekannte Gesichter wiedererkennen. Nicht aber unsere Jüngsten. Grund genug, einmal gemeinsam die Ausstellung im Obergeschoss des Scharwenka Kulturforums anzuschauen, generationenübergreifend gewissermaßen!

Da sich Kultur immer unter ganz konkreten gesellschaftlich-historischen Bedingen vollzieht, wird der Historie große Aufmerksamkeit geschenkt. Respekt vor den „alten Dingen" zu empfinden und sich selbst in die Pflege historischen Erbes aktiv einzubringen, ist ein wichtiges Anliegen.

Zugegeben, all das (und noch einiges mehr) den jungen Leuten nahe zu bringen, ist nicht ganz einfach, bedeutet Zeit und Vorbereitung. Das Schwarwenka Kulturforum ist auch hierbei an Ihrer Seite.
 Ehrenamtliche Mitarbeiter sind bestrebt, den Aufwand für Sie möglichst gering zu halten. Mit Rat und Tat stehen Ihnen ehemalige Lehrer zur Verfügung, die z.B. gern bereit sind, die pädagogische Betreuung in Abstimmung mit Ihnen zu übernehmen.
 Das schulische oder familiäre Vorhaben, auf „Entdeckungstour in Geschichte, Kunst und Kultur" zu gehen, kann somit erfolgversprechend realisiert werden.

Wer auf Entdeckungstour gehen will, kann aus fünf verschiedenen Angeboten wählen, die auf den nachfolgenden Seiten ausführlich beschrieben sind. Hier vorab nur so viel:

Besonders zu empfehlen sind die Angebote/Touren 1 und 2, die als mehrstündige Schülerprojekte angelegt sind. Das eine ist ein Musik-Spezial-Projekt, das andere ist fächerübergreifend (Fächer Musik, Kunst, Geschichte, Englisch, Geografie und Deutsch). Alle dazu notwendigen Unterrichts/Projektmaterialien, wie zum Beispiel Lehrbücher, Sachbücher, Nachschlagwerke, Audio-CDs, Zeichen Material usw., werden kostenlos bereitgestellt.

Jede Arbeitsgruppe bekommt einen eigenen Projektkoffer, der alles Erforderliche enthält. Auch die einzelnen Arbeitsblätter für jeden Schüler, die Sie vorab in diesem Handbuch einsehen können. Und natürlich sind auch die Lösungsblätter bereits fertig, aber nur für Sie gedacht, zu Ihrer Unterstützung. Diese Blätter sind hier im Anhang beigelegt.

Die Touren 3 und 4 sind ebenfalls sehr interessant und halten vielleicht noch mehr Erlebnisse und Überraschungen bereit. Es lohnt sich auf jeden Fall, auch diese in Betracht zu ziehen. Alle Angebote sind inhaltlich so abgestimmt, dass man sogar nacheinander, natürlich in zeitlichem Abstand, auf Entdeckungstour gehen könnte.

Die 5. Tour ist etwas für junge Pianisten. Doch schauen Sie selber.

Eine wichtige Sache muss unbedingt herausgestellt werden:
Mit Unterstützung des Ministeriums für Bildung, Jugend und Sport des Landes Brandenburg sind die Angebote in einem Pilotprojekt erprobt worden. Ja, man kann einschätzen, es war erfolgreich, es hat funktioniert.
 Die Schüler und Schülerinnen haben die Angebote angenommen, besonders die Tätigkeit in Arbeitsgruppen, die viel selbständiges Handeln ermöglicht und voraussetzt, sowie Kreativität und Phantasie fördert.

Schließlich sei noch der Hinweis gegeben:
Die teilweise sehr umfangreichen und anspruchsvollen Themen sind keine Aufgabenstellungen, die „um jeden Preis" zu erfüllen sind, keine Dogmen also, sondern Rahmenangebote, aus denen die Schüler wählen und gestalten können.
 So hat's den meisten auch Spaß gemacht.

Diese und viele andere Erfahrungen und Erkenntnisse der Schüler und Lehrer aus der Pilotphase liegen den jetzigen Erlebnis- und Bildungsangeboten zugrunde.

Auf der Basis dieses Erfahrungsschatzes, der an Sie weitergereicht wird, werden sicherlich auch Sie mit Ihren Kindern ähnlich gute Erfahrungen machen und Erlebnisse haben können, hier im Scharwenka Kulturforum in Bad Saarow.

Der Autor

I. Grundsätzliches zu den Erlebnis- u. Bildungsangeboten

1. Kinder- und Jugendbildung steht im Vordergrund

Die künstlerisch kulturelle und die historisch-politische Bildungsarbeit mit Kindern und Jugendlichen ist ein gesellschaftliches Erfordernis.

Dieser Herausforderung wollen wir uns gemeinsam als außerschulische kulturelle Bildungseinrichtung stellen.

1.1 Kunst und Kultur erleben bzw. gestalten

Kulturelle Bildung muss vor allem Bildung **zur kulturellen Teilhabe** am künstlerisch kulturellen Leben bedeuten.
In diesem Sinne will das Scharwenka Kulturforum Kindern und Jugendlichen einen breiteren Zugang zu Kunst und Kultur ermöglichen.
Sie sollen lernen, Kunst und Kultur wahrzunehmen und zu gestalten, zu verstehen und wertzuschätzen, und zwar in ihren unterschiedlichen Äußerungsformen:
Musik, Grafik, Malerei, Zeichnung, Film, Theater, Tanz und Sprache.
Dabei spielt die Musik von Xaver und Philipp Scharwenka (Musikepoche Romantik) eine besondere Rolle.

1.2 Geschichte begreifen

Die historisch-politische Bildungsarbeit zielt darauf ab, den jungen Menschen zu helfen, Geschichte zu begreifen.
Mittels Kunst und Kultur wird eine kreative Auseinandersetzung mit der Geschichte und natürlich auch mit der Zukunft der Gesellschaft angeregt.
Daher haben die vorliegenden Erlebnis- und Bildungsangebote einen engen Bezug zur Historie und ihrer Bedeutung für heute. Insbesondere geht es um die Aufhellung des historischen Hintergrunds im Leben des Xaver Scharwenka.
Auch die Lebens- und Arbeitsphasen zahlreicher in Bad Saarow weilender Künstler (seit ca. 1900) werden zum Anlass genommen, um Geschichte zu vermitteln bzw. sich damit auseinanderzusetzen.

1.3 Entwicklung junger Persönlichkeiten

Die außerschulischen Angebote sind zugleich darauf gerichtet, einen Beitrag zur Persönlichkeitsbildung der Kinder und Jugendlichen zu leisten.
Kulturelle Bildung eröffnet neue Welten, sie bietet die Möglichkeit der Auseinandersetzung mit sich selbst und mit der Kunst.
Individuelle Kreativität, aber auch Phantasie und eigenes künstlerisch-kulturelles Schaffen werden mit unseren Projekten gefördert.

In diesem Sinne stehen unsere Projekte und Aktivitäten für den kreativen und rezeptiven Aspekt von kultureller und historisch-politischer Bildung.

2. Methodische Prinzipien

Wenn Schulklassen in den Räumen des Scharwenka Kulturforums weilen, lassen wir uns von folgenden methodischen Prinzipien leiten, um Kindern und Jugendlichen Kenntnisse, Fähigkeiten und vor allem Werte zu vermitteln:

2.1 Das Wahrnehmen und das Sehen stehen im Vordergrund
Also – erst anschauen, dann erfahren, dann erst verstehen.

2.2 Eigenaktivitäten an Stelle von reiner Rezeption
Das soll für jeden Schüler nachvollziehbar sein!

2.3 Gesprächsorientierung statt Vortrag
Der Zugang zu den Schülern und ihrer Sicht der Dinge erfolgt vor allem über das Gespräch und den Dialog.

2.4 Bildung anzueignen bzw. zu vertiefen soll auch Freude bereiten
Die dargelegten Entdeckungstouren sind deshalb auch Erlebnisangebote.

3. Besondere Aufmerksamkeit den Schülerprojekten

Besonders zu empfehlen sind die auf Eigeninitiative orientierenden Schülerprojekte, da diese...

➤ auf Themenbereichen und Teilthemen basieren, die aus dem Profil des Scharwenka Kulturforums abgeleitet sind,
➤ einen Bezug zu den Rahmenlehrplänen der Sekundarstufe herstellen,
➤ Gruppenarbeit und Eigenaktivitäten ermöglichen und erfordern,
➤ fachvertiefendes (bes. Musikprojekt) und fächerverbindendes Lernen zur Grundlage haben.

4. Diese Themenkomplexe stehen im Mittelpunkt

➤ Musikepoche Romantik mit Schwerpunkt Spätromantik und Scharwenka Musik
➤ Zur Geschichte des ausgehenden 19. Jahrhunderts und des beginnenden 20. Jahrhunderts
➤ Ortsgeschichte: Kultur und Kunst am Beispiel berühmter Saarower Persönlichkeiten

5. Zu den Verantwortlichkeiten

5.1 Die Scharwenka Stiftung als Träger des Kulturforums stellt für angemeldete Schülergruppen die Räumlichkeiten, Schülerarbeitsplätze, Technik und Projektmaterialien sowie einen Mitarbeiter als unterstützende Kraft zur Verfügung.

5.2 Der Lehrer der Schulklasse ist in jedem Falle der verantwortliche Leiter der Projekte bzw. Aktivitäten.
Im Wesentlichen können sich Lehrer auf das vorliegende Material stützen.

5.3 Der Mitarbeiter des Scharwenka Kulturforums wird dem Lehrer als Helfer/Berater zur Seite stehen und in Absprache Teilaufgaben übernehmen (siehe IV).

II. Über den Lehrplanbezug

Die Bildungsangebote basieren auf den Rahmenlehrplänen der Sekundarstufe des Landes Brandenburg.

FACH MUSIK

Entsprechend des Rahmenlehrplanes für das Fach Musik sind die Nutzung außerschulischer Kultureinrichtungen und Kooperationsmöglichkeiten wichtige Bestandteile der musikalischen Bildung und Erziehung.

Das Scharwenka Kulturforum Bad Saarow begrüßt diese Herangehensweise und unterstützt die Arbeit der Musikpädagogen mit speziellen Angeboten, die durch eine Wechselwirkung von sinnlicher Wahrnehmung, praktischem Tun und verstehendem Erkennen gekennzeichnet sind. Diese Angebote sind darauf gerichtet, den Schülerinnen und Schüler dabei zu helfen, klassische Musik als wertvolles Element der eigenen Lebensgestaltung anzunehmen.

Auch wir haben diese drei Kompetenzbereiche im Blick

1. Musik wahrnehmen und verstehen
Die Schülerinnen und Schüler ...
➢ lassen sich auf die romantische Musik Scharwenkas ein, nehmen diese als bedeutungsvoll wahr,
➢ setzen sich mit der Musik auseinander, tauschen individuelle Wahrnehmungen aus,
➢ erweitern ihr Hintergrundwissen über Scharwenka und die Zeit der (Spät)Romantik.

2. Musik gestalten
Das eigene Musizieren und Komponieren stehen bei diesem Projekt nicht im Mittelpunkt, sondern die Erprobung *weiterer* Ausdrucksmöglichkeiten, um Struktur und Gehalt von Musikstücken zu erschließen. Diese Ausdrucksmöglichkeiten sind:
➢ das Malen zur Musik und
➢ die Übertragen von Musik in Bewegungen: in freier kreativer Form oder per Scharwenka-Tänze.

3. Nachdenken über Musik
Die Schülerinnen und Schüler sollen zum Nachdenken und Sprechen über Musik angeregt werden. Dies geschieht bereits beim Musikhören und Musikgestalten.

Der Prozess des Nachdenkens wird auch durch die Vermittlung von Kenntnissen, vor allem per Lesen von Sachtexten auf den Anschauungstafeln des Musikermuseums, gefördert.

Schülern soll vermittelt werden, dass das Wissen vom historischen Wandel der Musik und die Einsicht in die Zeitbedingtheit des eigenen Standpunkts zur Überwindung von Vorurteilen und zur Bildung eigener Wertmaßstäbe gehören.

Ein weiterer wichtiger Aspekt musikbezogener Reflexion im Jugendalter besteht darin, über den eigenen Musikgeschmack nachzudenken und andere Auffassungen zu tolerieren und wertzuschätzen.

Teilkompetenzen, Inhalte durch Projektthemen im Scharwenka Kulturforum realisieren

1. Musik wahrnehmen und verstehen

Teilkompetenzen	Inhalte	Projektthemen
Gattungen der klassischen Musik ergründen	Das Solokonzert Sinfonische Musik Kammermusik kleine poetische Klavierstücke Bühnenmusik	**Themen 1 - 5** Musik hören von X. Scharwenka (Auszüge) *(siehe auch Themenübersicht unter III.)* **1** Klavierkonzerte **2** Sinfonie c-Moll **3** Sonate für Klavier und Violine **4** piano music **5** Oper

2. Musik gestalten

Teilkompetenzen	Inhalte	Projektthemen
Musik in anderen Ausdrucksformen gestaltend interpretieren Musik notieren und aufzeichnen	Bild Bewegung / Tanz Tontechnik und Tonträger	**Themen 6 – 8** **6 (=16)** Malen zur Musik **7** Bewegung zur Musik von Philipp Scharwenka (Mazurka-Rhythmen oder „freie" Bewegung) **8** Über das elektrische Reproduktionsklavier

3. Nachdenken über Musik

Teilkompetenzen	Inhalte	Projektthemen
Musik in ihrem kulturellen, sozialen und historischen Zusammenhang erfahren	Epochenüberblick	**Themen 9 –11** **9** Musikepoche der Romantik
	Porträt: Komponist, Interpret, Pädagoge	**10** Biografisches Xaver Scharwenka
Musikalische Umwelt erkunden und reflektieren	Lokale Musizierorte	**11** Gedankenaustausch im Scharwenka Kulturforum

Das Scharwenka Kulturforum in Bad Saarow, Moorstr. 3

FACH GESCHICHTE

Das Scharwenka Kulturforum unterstützt mit seinen Angeboten die Entwicklung von Kompetenzen des historischen Denkens. Verkürzt dargestellt sind dies:

1. Narrative Kompetenz
Narrativität als zentrale Kompetenz historischen Denkens meint die Fähigkeit zur sinnbildenden Darstellung von Vergangenheit und zur Beurteilung von Darstellungen anderer.

2. Deutungs- und Analysekompetenz
Über die Erweiterung bzw. Vertiefung historischen Wissens soll die Fähigkeit zu historischen Deutungen weiter ausgeprägt werden.

3. Methodenkompetenz
Diese umfasst vor allem historische Erkenntnisverfahren und Arbeitsmethoden wie z. B. schriftliche, audiovisuelle und gegenständliche Quellen interpretieren, Informationen aus historischen Darstellungen erschließen, Museen erkunden usw.

4. Urteils- und Orientierungskompetenz
Schülerinnen und Schüler sollen in einem kumulativen Prozess die Fähigkeit erwerben, ethische, moralische und normative Kategorien auf historische Sachverhalte anzuwenden.

**Teilkompetenzen, Inhalte durch Projektthemen im SKF realisieren.
Themenfeld: Das 19. Jahrhundert / Anfang des 20. Jahrhunderts**

Teilkompetenzen	Inhalte	Projektthemen
Deutungskompetenz, u. a.: historische Entwicklungen und Prozesse sachgerecht beschreiben, strukturiert zusammenfassen	Staat und Nation	**Themen 12-15** Historischer Hintergrund zu Xaver Scharwenka: Leben und Wirken in 3 deutschen Staaten und in den USA
Analysekompetenz, u. a.: geschichtskulturelle Darstellungen nutzen: moderne Medien, Denkmäler, historische Fotografien u. Filme	Politik und Gesellschaft im Kaiserreich	**12** Im Königreich Preußen
Methodenkompetenz, u. a.: Informationen aus Textquellen entnehmen und prüfen;	Erster Weltkrieg: Folgen für Europa	**13** Im Deutschen Kaiserreich **14** Das Intermezzo: in den USA
Urteils- und Orientierungskompetenz, u. a.: Wertvorstellungen historischer Akteure reflektieren; Verständnis für das zeitlich Andere entwickeln	Bündnissysteme und internationale Konflikte	**15** In der Weimarer Republik

FACH KUNST

Die Projektarbeiten mit Bezug zum Fach Kunst im Scharwenka Kulturforum können dazu beitragen, dass die Schülerinnen und Schüler …

➢ Bilder verstehen,
➢ mit Bildern kommunizieren,
➢ verschiedene bildliche Darstellungsformen beherrschen und auch
➢ Imagination und Kreativität entfalten.

Wir lassen uns davon leiten, dass die ästhetisch-künstlerische Kompetenz mit ihren Teilbereichen …

➢ Produktion,
➢ Rezeption und
➢ Reflexion

die zentrale Kompetenz im Fach Kunst darstellt.

Teilkompetenzen, Inhalte durch Projektarbeiten im Scharwenka Kulturforum realisieren

Inhaltliche Entscheidungsfelder u. a.:	Handlungsweisen u. a.:	Projektthemen
		Themen 16 – 17
Künstlerische Strategien	**Bildhaft gestalten**/ausdrücken; **Imaginieren** (Herstellen ungewöhnlicher Kontexte)	**16 (=6):** Kreatives Zeichnen zur Musik von X. Scharwenka
Verfahren/Techniken	**Malen** (z. B. pinseln, streichen) **Zeichnen** (z. B. skizzieren, kritzeln)	
Künstlerinnen und Künstler und ihre Werke aus unterschiedlichen Zeiten und Kulturen	**Beschäftigung** mit Kunstwerken (auch Plakate, Filme usw.) **Nutzung** außerschulischer Lernorte (Atelier, Museum, …)	**17** Bilder verstehen, mit Bildern kommunizieren: a) Gemälde X. Scharwenka b) Künstlerisch-historische Konzertplakate

FACH GEOGRAFIE

Im Zentrum steht die Entwicklung von fünf raumbezogener Handlungskompetenzen der Schülerinnen und Schüler. Für den Teilbereich **Raumorientierung** kann die Projektarbeit im Scharwenka Kulturforum einen unterstützenden Beitrag leisten. Dazu ist *räumlich-topografisches Orientierungswissen* auf regionaler und globaler Ebene in thematischer Anbindung zu Xaver Scharwenka anzuwenden.

Die Entfaltung der Orientierungskompetenz erfolgt durch die konsequente Einbindung der topografischen Dimension.

Teilkompetenzen, Inhalte durch Projektarbeiten im Scharwenka Kulturforum realisieren

Erwerb von Orientierungskompetenz	Inhalt	Projektthemen
Topografische Objekte in geografischen Karten finden Topografische Objekte in Umrisskarten zeichnen	Großstädte in Europa und Nordamerika	**Thema 18** Xaver Scharwenka als früher „global player"

FACH ENGLISCH

Übergeordnetes Ziel des Englischunterrichts ist die Entwicklung fremdsprachlicher Handlungsfähigkeit zur Vorbereitung auf authentische Sprachbegegnungen.

Neben direkten Begegnungen bieten *authentische Materialien* vielfältige Ansatzpunkte zur ästhetischen Bildung und zum fachübergreifenden sowie fächerverbindenden Lernen. Hier knüpft die Projektarbeit im Scharwenka Kulturforum an.

Teilkompetenzen, Inhalte durch Projektarbeiten im SKF realisieren

Fremdsprachliche Kompetenzen u. a.:	Themen / Inhalte u. a.:	Projektthemen
Das Lesen von Sachtexten, um Einzelinformationen zu verstehen >> Reading Comprehension Gezielt Informationen aus authentischen Materialien entnehmen, auch um komplexere Aufgabenstellungen/Projekte zu bearbeiten >> Translation	Kultur Museen und Ausstellungen Konzert und Theater Regionale Traditionen	**Thema 19** Xaver Scharwenka in England und in den USA

FACH DEUTSCH

Indem die Schülerinnen und Schüler an den Projektthemen arbeiten und die Ergebnisse präsentieren, wird das Erreichen der Zielstellung des Faches Deutsch unterstützt:

Die Schülerinnen und Schüler entwickeln die Bereitschaft und Fähigkeit, sich in unterschiedlichen Situationen sach- und adressatengerecht zu verständigen, mit Texten und Medien rezeptiv und produktiv umzugehen sowie sich im Umgang mit unterschiedlichen Sprachen und Kulturen fremde Perspektiven zu erschließen und die eigene kritisch reflektiert darzustellen.

Im Kern geht es darum, einen Beitrag zur sprachlichen Qualifizierung der Schülerinnen und Schüler zu leisten.

Dazu gehört die Ausprägung dieser Kompetenzbereiche:

➢ Lesen - mit Texten und Medien umgehen

➢ Schreiben

➢ Sprechen und Zuhören

➢ Sprachwissen und Sprachbewusstsein entwickeln

Verschiedene fachspezifische Themenbereiche sollen in ihrer Gesamtheit und Wechselwirkung die Kompetenzbereiche abdecken.

Diese Themenbereiche sind:

A: In Alltagssituationen sprachlich angemessen handeln

B: Texte schreiben, gestalten und präsentieren

C: Sachtexte und Medien in thematischen Kontexten verstehen

D: Medial gestaltete Texte rezipieren, produzieren, präsentieren

E: Begegnung mit anderen Kulturen

Zusammengefasst

Während ihres Tätigseins im Scharwenka Kulturforum werden die Schülerinnen und Schüler dazu angeregt, ihre gelernten Lesetechniken anzuwenden und Lesestrategien gezielt einzusetzen; vielfältige Formen und Funktionen des Schreibens zu nutzen; in Gesprächen und kurzen Vorträgen Sachverhalte, Gedanken und Meinungen verständlich darzustellen und sinnvoll an den Beiträgen ihrer Gesprächspartner anzuknüpfen sowie ihr sprachliches Wissen und Können zur Geltung zu bringen.

III. Die Themen in der Übersicht

MUSIK

1. Musik von Xaver und Philipp Scharwenka wahrnehmen

Xaver Scharwenka
Thema 1: *Das Solokonzert*
       Klavierkonzert Nr. 1 b-Moll op. 32
       Klavierkonzert Nr. 2 c-Moll op. 56
       Klavierkonzert Nr. 3 cis-Moll op. 80
       Klavierkonzert Nr. 4 f-Moll op. 82

Thema 2: *Sinfonische Musik*
       Sinfonie c-Moll op. 60

Thema 3: *Kammermusik*
       Sonate d-Moll für Klavier und Violine op. 2
       Sonatine e-Moll op. 52/1 Tempo di Menuetto
Thema 4: *kleine poetische Klavierstücke*
       Impromptu D-Dur op. 17
       Fünf Polnische Nationaltänze op. 3
       Eglantine Waltz, piano music, op.84
       Piano Trio Fis-Dur op. 1

Thema 5: *Bühnenmusik*
       Oper „Mataswintha"

2. Musik gestalten

Thema 6: Malen/Zeichnen zur Musik in Vernetzung mit Fach Kunst
       Xaver Scharwenka: Romanzero op. 33

Philipp Scharwenka
Thema 7: Musik gestalten durch Bewegung. Mutige voran!
       op.   37 Wald- und Berggeister
       op. 108 Dramatische Phantasie
       op.   20 Zwei Polnische Tänze: Polonaise + Mazurka

Thema 8: Über das elektrische Reproduktionsklavier

3. Nachdenken über Musik

Thema 9: Musikepoche der Romantik

Thema 10: Biografisches Xaver Scharwenka

Thema 11: Gedankenaustausch im Scharwenka Kulturforum

GESCHICHTE

Etwas über den historischer Hintergrund zu Lebzeiten des Xaver Scharwenka und weiterer Persönlichkeiten des öffentlichen Lebens erfahren: Leben und Wirken in 3 deutschen Staaten und in den USA.

Thema 12: Im Königreich Preußen (Scharwenkas Kindheit und Jugend)

Thema 13: Im Deutschen Kaiserreich (Scharwenkas Entwicklung zur international anerkannten Künstlerpersönlichkeit)

Thema 14: Das Intermezzo (Scharwenkas Leben und Wirken in den USA)

Thema 15: In der Weimarer Republik (Scharwenka in Berlin und in Bad Saarow)

KUNST

Thema 16: Kreatives Zeichnen zur Musik von Xaver Scharwenka, Vernetzung mit Fach Musik; siehe auch Thema 6

Thema 17: Bilder verstehen, mit Bildern kommunizieren
Porträt Xaver Scharwenka
Künstlerisch-historische Konzertplakate

GEOGRAFIE

Thema 18: Xaver Scharwenka als früher „global player"
Topografie

ENGLISCH

Thema 19: Xaver Scharwenka in den USA und in England
Reading Comprehension and Translation

REGIONALES

Thema 20: Künstler verschiedener Kunstgattungen in Bad Saarow und Umgebung. Leben und Wirken weiterer Persönlichkeiten des öffentlichen Lebens.

Thema 21: KUNSTkabinett: Saarower KünstlerInnen stellen aus

IV. Fünf Erlebnis- und Bildungsangebote

Das Scharwenka Kulturforum Bad Saarow bietet den Schulen und Jugendeinrichtungen sowie anderen Bildungseinrichtungen an, mit ihren Kindern und Jugendlichen auf
Entdeckungstour in Geschichte, Kunst und Kultur
zu gehen, auf fünf verschiedenen Touren:

Die 5 Touren auf einen Blick

Tour 1: Romantik-Tour: Auf den Spuren des Musikers Xaver Scharwenka
* Empfehlung: Für Schülerprojektarbeit ab Klasse 7, Schwerpunkt Musik
* Hauptthema: Scharwenka – Ein Leben für die Musik
* Klassenstärke: 18 – 28 Schülerinnen/Schüler
* Dauer: ca. 4 Stunden
* Projektmaterialien für 4 Arbeitsgruppen werden gestellt, Lösungsblätter für Lehrer
* verantwortlich für die Durchführung: begleitender Lehrer mit Unterstützung durch einen ehrenamtlichen Mitarbeiter des Scharwenka Kulturforums (SKF)

Tour 2: Fächer-Tour: Kultur u. Kunst erleben u. gestalten. Geschichte begreifen
* Empfehlung: Besonders für *fächerverbindende* Schülerprojektarbeit (6 Fächer) ab Klasse 7
* Hauptthema: Leben und Wirken Scharwenkas und weitere Künstler und Persönlichkeiten des öffentlichen Lebens im Komplex betrachten
* Klassenstärke: 18 – 28 Schülerinnen/Schüler
* Dauer: ca. 4 Stunden
* Projektmaterialien für 5 Arbeitsgruppen werden gestellt, Lösungsblätter für Lehrer
* verantwortlich für die Durchführung: begleitender Lehrer mit Unterstützung durch einen ehrenamtlichen Mitarbeiter des Scharwenka Kulturforums

Tour 3: „Konzert-Tour" durch Europa – via Reproduktionsklavier
* Empfehlung: Ein sehr spezielles Angebot, um junge Leute über die Technik des Funktionierens des elektrischen Reproduktionsklaviers an die klassische Musik heranzuführen. Aber auch als ein Erlebnis für „Fortgeschrittene" gedacht.
* Gruppenstärke: ab 5 Jugendliche
* Dauer: ca. 1-2 Stunden
* verantwortlich für die Durchführung: ehrenamtliche Mitarbeiter des SKF

Tour 4: Geister-Tour: Seltsames geschieht!
* Empfehlung: Für Schulklassen ab Kl. 6, Jugendherbergsgruppen, Jugendklub-Mitglieder und andere Jugendgruppen
* Dauer: ca. 1-2 Stunden
* Gruppenstärke: 5-25 Jugendliche
* verantwortlich für die Durchführung: ehrenamtliche Mitarbeiter des SKF

Tour 5: Piano-Tour: Junge Pianisten in Aktion
* Empfehlung: Ein Spezialangebot für Musikschulen und musikbetonte Schulen sowie für Lehrer, Musikschüler und Musikstudenten
* Schwerpunkte: Scharwenkas Werke umfassend kennenlernen; das eigene Musizieren; Spätromantik. Ausführlich dazu ab S. 35
* verantwortlich: Scharwenka Stiftung Bad Saarow

Ausführliche Tourbeschreibung

TOUR 1
Romantik-Tour: Auf den Spuren des Musikers
Xaver Scharwenka

Das Musik-Projekt „Scharwenka – ein Leben für die Musik"

Empfehlung: Für Schülerprojektarbeit ab Klasse 7, Schwerpunkt Musik
Dauer: ca. 4 Stunden
Projektmaterialien werden gestellt, für Lehrer auch gesonderte Lösungsblätter
Verantwortlich für die Durchführung: begleitender Lehrer mit Unterstützung durch einen ehrenamtlichen Mitarbeiter des Scharwenka Kulturforums
Klassenstärke: 18-28 Schülerinnen/Schüler

Zielstellung

Das Ziel des Projektes besteht darin, den Schülerinnen und Schülern
die Möglichkeit zu geben, die Künstlerpersönlichkeit
Xaver Scharwenkas kennenzulernen auf der Grundlage
der Förderung von Selbstständigkeit, Teamarbeit, Kreativität
und Schulung der Präsentationsfähigkeit.

Scharwenka im Senator Ornat

Rahmenzeitplan: 9.00 bis ca. 13.00 Uhr
1. Std.: Einführung
2. Std.: Projektarbeit in Arbeitsgruppen
3. Std.: Präsentation der Arbeitsergebnisse
4. Std.: Finale

Grobablauf

- Führung durch das Scharwenka Kulturforum
- gemeinsam „kurz" hineinhören in Xaver Scharwenkas Klaviermusik
- in 4 Arbeitsgruppen erarbeiten die Schüler differenzierte Projektaufgaben
- danach werden die Ergebnisse im Plenum in Kurzvorträgen präsentiert
- abschließend noch zwei Highlights

PROJEKTDURCHFÜHRUNG

1) EINFÜHRUNG

Wer war eigentlich Scharwenka? Die Schülerinnen und Schüler nehmen an der Führung durch das Scharwenka Kulturforum teil (Projektaufgabe 1) und erhalten auf diese Frage eine erste Antwort. Zugleich bekommen sie einen Überblick über alle Bereiche des Kulturforums.
Bevor Arbeitsgruppen gebildet werden, hören die Schülerinnen und Schüler gemeinsam „kurz" hinein in Xaver Scharwenkas Klavierkonzert Nr. 2 c-Moll op. 56 (Projekt-CD Nr. 1). Sie versuchen, die Musik einfach auf sich einwirken zu lassen (Projektaufgabe 2).

2) AKTIV UND KREATV IN ARBEITSGRUPPEN

In 4 Arbeitsgruppen erarbeiten die Schülerinnen und Schüler gemeinsam das Thema und präsentieren die Ergebnisse. Sie einigen sich selbständig, wer welche Aufgaben übernimmt. Jede Arbeitsgruppe bekommt einen Projektkoffer, der alle Arbeitsmaterialien beinhaltet.

Arbeitsgruppe 1
Scharwenka – Ein Leben in 3 deutschen Staaten
kurzer Überblick

Gruppenstärke: ca. 4 - 6 Schülerinnen/Schüler
Raum: Klubraum

Beschäftigung mit dem Leben Scharwenkas.
Biografisches und Historisches herausarbeiten.

Projektaufgabe 3: Für den Zeitraum 1850-1871
Xaver Scharwenkas Kindheit und Jugend im Königreich Preußen

Unterrichtsmittel:
  Biografisches – Sachbuch von Eberhard Geiger „Wer war Xaver Scharwenka?"
  Autobiografie Xaver Scharwenka „Klänge aus meinem Leben"
  Historisches   – Schülerbuch 7/8 Geschichte *plus*; Ausgabe Brandenburg

Projektaufgabe 4: Für den Zeitraum 1871-1918
Xaver Scharwenkas Lebensphase im Deutschen Kaiserreich

Unterrichtsmittel:
  Biografisches – Sachbuch Eberhard Geiger „Wer war Xaver Scharwenka?"
  Autobiografie Xaver Scharwenka „Klänge aus meinem Leben"
  Historisches   – Schülerbuch Grundwissen Geschichte (Sek. I)
                   Schülerbuch Grundwissen Geschichte - Sek. II

Projektaufgabe 5: Für den Zeitraum ab 1918
Xaver Scharwenkas Jahre in der Weimarer Republik

Unterrichtsmittel:
  Biografisches – Sachbuch von Eberhard Geiger „Wer war Xaver Scharwenka?"
  Autobiografie Xaver Scharwenka „Klänge aus meinem Leben"
  Historisches   – Schülerbuch Grundwissen Geschichte (Sek. I)
                   Schülerbuch 9/10 Geschichte *plus*; Ausgabe Brandenburg

>>> ***Zusatz:*** Für alle Projektaufgaben – Lesetafeln im Musikermuseum

Zwischenfazit - Projektaufgabe 6
Die Schülerinnen und Schüler tauschen ihre Gedanken und Erkenntnisse aus und bereiten die Präsentation zum Abschluss des Schülerprojekts vor.

Arbeitsgruppe 2
Scharwenka – Ein vielfältiger Künstler

Gruppenstärke: ca. 6 - 9 Schülerinnen/Schüler
Raum: Obergeschoss

Wir lernen den Komponisten, Pianisten und Musiklehrer
Xaver Scharwenka kennen.

Projektaufgabe 7: 2-3 Schüler arbeiten zum Thema – der Komponist Scharwenka
Ein zu seiner Zeit bekannter, gefragter Komponist, der wesentliche Gattungen der Musik
bediente. Kurzvorträge erarbeiten:
a) Über das kompositorische Schaffen Scharwenkas und
b) über die musikalischen Gattungen.
Dazu entsprechende Musikbeispiele kurz anhören (siehe Arbeitsblatt) und bei der Präsentation
vorstellen.

Unterrichtsmittel:
CD-Player; 3 Audio-CDs
Sachbuch von Eberhard Geiger „Wer war Xaver Scharwenka?"
Autobiografie von Xaver Scharwenka „Klänge aus meinem Leben"
POCKET TEACHER **Musik** 5. - 10. Klasse
POCKET TEACHER **Musik** *Abi*
Arbeitsheft ROMANTIK

Projektaufgabe 8: 2-3 Schüler arbeiten zum Thema – der Pianist Scharwenka
Ein Virtuose am Flügel und Xaver Scharwenka als „global player". Herausfinden: Was
zeichnete ihn als Pianist aus und wo genau außerhalb Preußens/Deutschlands tourte er?

Unterrichtsmittel:
Sachbuch von Eberhard Geiger „Wer war Xaver Scharwenka?"
Autobiografie Xaver Scharwenka „Klänge aus meinem Leben"
Atlas

Projektaufgabe 9: 2-3 Schüler arbeiten zum Thema – der Musikpädagoge Scharwenka
Einer, der sein Wissen und seine Erkenntnisse an Jüngere weitergab.
Wissenswertes über seine Konservatorien in Berlin und in den USA zusammentragen.

Unterrichtsmittel:
Sachbuch von Eberhard Geiger „Wer war Xaver Scharwenka?"
Autobiografie Xaver Scharwenka „Klänge aus meinem Leben"

>>> *Zusatz für alle Projektaufgaben*:
- Lesetafeln im Musikermuseum
- Arbeitsheft Musiktheorie - Oberstufe Musik (insbesondere Glossar von A bis Z)

Projektaufgabe 10
Die Schülerinnen/Schüler ziehen ein Zwischenfazit, tauschen ihre Gedanken und Erkenntnisse
aus und bereiten die Präsentation zum Abschluss des Schülerprojekts vor.

Arbeitsgruppe 3
Musik gestalten! Kreativität ist gefragt!

Gruppenstärke: ca. 6 - 9 Schülerinnen/Schüler
Raum: Konzertsaal

Malen und bewegen zur Musik! Geht das? Einfach mal ausprobieren!

Projektaufgabe 11: Malen/zeichnen zur Musik
Von Xaver Scharwenka: Sonatine op. 52/1 Tempo di Menuetto (Projekt-CD Nr. 5)
Unterrichtsmittel: CD-Player, Audio-CD, Zeichenblock, Malstifte, Malunterlagen
Zur Info: Sachbuch von Eberhard Geiger „Wer war Xaver Scharwenka?"

Projektaufgabe 12: Bewegen zur Musik von PHILIPP SCHERWENKA,
dem Bruder von Xaver. Hineinhören in eine Aufnahme des Philharmonischen Orchesters
Altenburg-Gera; einen Titel auswählen (Projekt-CD Nr. 6) und probieren:
op. 37 Wald- und Berggeister oder op. 108 Dramatische Phantasie oder
Unterrichtsmittel: Audio-CD

Projektaufgabe 13
Die Schülerinnen/Schüler ziehen ein Zwischenfazit, tauschen ihre Gedanken und Erkenntnisse
aus und bereiten die Präsentation zum Abschluss des Schülerprojekts vor.

Arbeitsgruppe 4
Scharwenka – damals und heute

Gruppenstärke: ca. 3 - 4 Schülerinnen/Schüler
Raum: Musikermuseum

Ein Stern der Romantik ging unter. Warum? Und Scharwenka heute?

Projektaufgabe 14
Die Musikepoche Romantik. Erarbeitung eines Kurzvortrags: Romantik - die Musikepoche
Unterrichtsmittel:
POCKET TEACHER **Musik** 5. - 10. Klasse; POCKET TEACHER **Musik** *Abi*
Arbeitsheft ROMANTIK; Lesetafeln im Musikermuseum

Projektaufgabe 15
Zur Bedeutung der Künstlerpersönlichkeit Scharwenka.
Erarbeitung eines Kurzvortrags: Zu Unrecht vergessen! Zu Recht wiederentdeckt!
Unterrichtsmittel:
Sachbuch von Eberhard Geiger „Wer war Xaver Scharwenka?"
Arbeitsheft Musiktheorie - Oberstufe Musik (insbesondere Glossar von A bis Z)
Lesetafeln im Musikermuseum

Projektaufgabe 16
Die Schülerinnen und Schüler ziehen ein Zwischenfazit, tauschen ihre Gedanken und
Erkenntnisse aus und bereiten die Präsentation zum Abschluss des Schülerprojekts vor.

3) PRÄSENTATION

Alle Mitglieder der Arbeitsgruppen versammeln sich wieder im großen Saal.

Die Arbeitsgruppen präsentieren ihre Ergebnisse und Musikbeispiele.

Gedankenaustausch.

4) FINALE UND ABSCHLUSS DES PROJEKTS

Die Schülerinnen und Schüler lauschen nochmals zur Musik von Xaver Scharwenka und erfahren dabei Interessantes über das Reproduktionsklavier.

Auf Wunsch zeigen wir einen Ausschnitt aus dem Bad Saarow-Film „und – hörst du die Stille?"

Schüler ziehen ein erstes Resümee.

Mit Schlussbemerkungen des Lehrers endet das Schülerprojekt.

Während der Tour 1 auf Spurensuche!

Projektmaterialien für die Tour 1 im Überblick

Das Scharwenka Kulturforum stellt für dieses Projekt zahlreiche Unterrichtsmittel bereit, wie oben dargestellt.

Zu den großformatigen Materialien zählen die Lesetafeln im Scharwenka Kulturforum, Wandkarten, Gemälde und Plakate sowie technische Geräte.

Alle anderen Projektmaterialien, einschließlich die Schüler-Arbeitsblätter, werden jeder Arbeitsgruppe (AG) in einem **Projektkoffer** übergeben.

Die Gesamtübersicht

	Unterrichtsmittel	AG 1	AG 2	AG 3	AG 4	zus.
01	Projekt-CD Nr. 1 *					**1**
02	Projekt-CD Nr. 2		1			**1**
03	Projekt-CD Nr. 3		1			**1**
04	Projekt-CD Nr. 4		1			**1**
05	Projekt-CD Nr. 5			1		**1**
06	Projekt-CD Nr. 6			1		**1**
07	Projekt-CD Nr. 7		1			**1**
08	E. Geiger „Wer war X. Scharwenka?"	5	5	2	4	**16**
09	X. Scharwenka „Klänge aus meinem Leben"	2	2			**4**
10	Schülerbuch 7/8 Geschichte *plus*	1				**1**
11	Schülerbuch 9/10 Geschichte *plus*	1				**1**
12	Schülerbuch Grundwissen Geschichte(Sek. I)	2				**2**
13	Schülerbuch Grundwissen Geschichte-Sek. II	1				**1**
14	POCKET TEACHER Musik 5-10		2		1	**3**
15	POCKET TEACHER Musik *Abi*		2		1	**3**
16	Arbeitsheft Musiktheorie – Oberstufe		1		1	**2**
17	Arbeitsheft ROMANTIK		1		2	**2**
18	Zeichenblöcke + Malstifte			10		**10**
19	Atlas		1			**1**
20	Schüler-Arbeitsblätter	6	9	9	4	**28**

* Projekt-CD Nr. 1 Für die Einleitungsphase des Projekts:

Ausführliche Tourbeschreibung

TOUR 2
Fächer-Tour: Kultur und Kunst erleben und gestalten. Geschichte begreifen.

Empfehlung: Besonders für *fächerverbindende* Schülerprojektarbeit ab Klasse 7 mit diesen Fächern: Musik, Kunst, Geschichte, Geografie, Englisch und Deutsch
Dauer: ca. 4 Stunden
Projektmaterialien werden gestellt, für Lehrer auch gesonderte Lösungsblätter
Verantwortlich für die Durchführung: begleitender Lehrer mit Unterstützung durch einen ehrenamtlichen Mitarbeiter des Scharwenka Kulturforums
Klassenstärke: 18-28 Schülerinnen/Schüler

Zielstellung
Das Ziel des Projektes besteht darin, den Schülern die Möglichkeit zu geben, sich im Kulturforum aktiv und kreativ aus differenzierter Sicht mit verschiedenen Kunstgattungen und anderen Bereichen des gesellschaftlichen Lebens zu beschäftigen bzw. auseinanderzusetzen, am Beispiel von Scharwenka und anderen Künstlern sowie weiterer Persönlichkeiten des öffentlichen Lebens, die am „Märkischen Meer" lebten/leben. Dabei sollen Selbstständigkeit, Teamarbeit, das eigene Ausprobieren sowie die Präsentationsfähigkeit besonders gefördert werden.

Rahmenzeitplan: 9.00 bis ca. 13.00 Uhr
1. Std.: Einführung
2. Std.: Projektarbeit in Arbeitsgruppen
3. Std.: Präsentation der Arbeitsergebnisse
4. Std.: Finale

Grobablauf
- Führung durch das Scharwenka Kulturforum
- gemeinsam „kurz" hineinhören in Xaver Scharwenkas Klaviermusik
- in 5 Arbeitsgruppen erarbeiten die Schüler differenzierte Projektaufgaben
- danach werden die Ergebnisse im Plenum in Kurzvorträgen präsentiert
- abschließend noch zwei Highlights

PROJEKTDURCHFÜHRUNG
1) EINFÜHRUNG
Die Schülerinnen und Schüler nehmen an der Führung durch das Kulturforum teil (Projektaufgabe 1). Sie bekommen einen ersten Einblick über Leben und Wirken Xaver Scharwenkas, seiner Familie sowie weiterer Künstler und anderer Persönlichkeiten, die in Bad Saarow oder Umgebung lebten bzw. leben. Alle Bereiche des Forums werden aufgesucht.
Bevor Arbeitsgruppen gebildet werden, hören die Schülerinnen und Schüler gemeinsam „kurz" hinein in Xaver Scharwenkas Klavierkonzert Nr. 1 b-Moll op. 32 (Projekt-CD Nr. 1). Sie versuchen, die Musik einfach auf sich einwirken zu lassen (Projektaufgabe 2).

2) AKTIV UND KREATV IN ARBEITSGRUPPEN
In 5 Arbeitsgruppen erarbeiten die Schülerinnen und Schüler gemeinsam das Thema und präsentieren die Ergebnisse. Sie einigen sich selbständig, wer welche Aufgaben übernimmt. Jede Arbeitsgruppe bekommt einen Projektkoffer, der alle Arbeitsmaterialien beinhaltet.

Arbeitsgruppe 1
MUSIK

Gruppenstärke: ca. 3 - 4 Schülerinnen/Schüler
Raum: Musikermuseum

Die Schülerinnen und Schüler nehmen verschiedene Kompositionen Scharwenkas wahr, lesen und denken über Musik nach, erkunden Biografisches.

Projektaufgabe 3: Wichtige Lebensdaten notieren
Für diese drei Zeiträume:
1850 bis ca. 1870/71; 1871 bis 1918 und 1918/19 bis 1924.

Unterrichtsmittel:
  Sachbuch von Eberhard Geiger „Wer war Xaver Scharwenka?"
  Autobiografie Xaver Scharwenka „Klänge aus meinem Leben"
  Lesetafeln im Musikermuseum

Projektaufgabe 4: Musik hören
Musikbeispiele aus verschiedenen Lebensabschnitten werden kurz angehört und später präsentiert. Charakteristisches herausarbeiten.
a) der 19 Jährige: 5 Polnische Tänze op. 3 (Projekt-CD Nr. 2 oder 4)
b) „Reifejahre": Sinfonie c-Moll op. 60 (Projekt-CD Nr. 7)
c) „Meisterjahre": 4. Klavierkonzert f-Moll op. 82 (Projekt-CD Nr. 2)

Unterrichtsmittel:
  CD-Player
  3 Audio-CDs
  Sachbuch von Eberhard Geiger „Wer war Xaver Scharwenka?"
  POCKET TEACHER **Musik** 5.-10. Klasse
  POCKET TEACHER **Musik** *Abi*
  Arbeitsheft Musiktheorie - Oberstufe Musik (insbesondere Glossar von A bis Z)
  Lesetafeln im Musikermuseum

Projektaufgabe 5: Musikverständnis entwickeln
Kurzvorträge sollen zur Einordnung der Scharwenka-Musik erarbeitet werden: Scharwenka und die (Spät)Romantik sowie Scharwenka - zu Unrecht vergessen! Zu Recht wiederentdeckt! Die Schüler verständigen sich selbständig über die Aufteilung von Teilthemen.

Unterrichtsmittel:
  Sachbuch von Eberhard Geiger „Wer war Xaver Scharwenka?"
  POCKET TEACHER **Musik** 5.-10. Klasse sowie POCKET TEACHER **Musik** *Abi*
  Arbeitsheft ROMANTIK
  Arbeitsheft Musiktheorie - Oberstufe Musik (insbesondere Glossar von A bis Z)
  Lesetafeln im Musikermuseum

Zwischenfazit - Projektaufgabe 6
Die Schülerinnen und Schüler tauschen ihre Gedanken und Erkenntnisse aus und bereiten die Präsentation zum Abschluss des Schülerprojekts vor.

Arbeitsgruppe 2
GESCHICHTE

Gruppenstärke: ca. 3 - 5 Schülerinnen/Schüler
Raum: Obergeschoss

Die Schülerinnen und Schüler erlesen sich historische Hintergrundinformationen über die drei deutschen Staaten, in denen Xaver Scharwenka lebte.

Projektaufgabe 7: Im Königreich Preußen
Scharwenkas Kindheit- und Jugendzeit

Unterrichtsmittel:
  Schülerbuch 7/8 Geschichte *plus*; Ausgabe Brandenburg
  Sachbuch von Eberhard Geiger „Wer war Xaver Scharwenka?"
  Autobiografie Xaver Scharwenka „Klänge aus meinem Leben"

Projektaufgabe 8: Im Deutschen Kaiserreich, die Wilhelminische Zeit
Scharwenkas Entwicklung zur international anerkannten Künstlerpersönlichkeit

Unterrichtsmittel:
  Sachbuch von Eberhard Geiger „Wer war Xaver Scharwenka?"
  Schülerbuch Grundwissen Geschichte (Sek. I)
  Schülerbuch Grundwissen Geschichte - Sek. II
  Schülerbuch 7/8 Geschichte *plus*; Ausgabe Brandenburg
  Schülerbuch 9/10 Geschichte *plus*; Ausgabe Brandenburg
  Autobiografie Xaver Scharwenka „Klänge aus meinem Leben"

Projektaufgabe 9: In der Weimarer Republik
Scharwenkas späte Zeit in Berlin und Bad Saarow

Unterrichtsmittel:
  Sachbuch von Eberhard Geiger „Wer war Xaver Scharwenka?
  Schülerbuch Grundwissen Geschichte (Sek. I)
  Schülerbuch Grundwissen Geschichte - Sek. II
  Autobiografie Xaver Scharwenka „Klänge aus meinem Leben"
  Schülerbuch 9/10 Geschichte *plus*; Ausgabe Brandenburg

Zusatz: Für alle Projektaufgaben - Lesetafeln im Musikermuseum

Projektaufgabe 10
Die Schülerinnen und Schüler ziehen ein Zwischenfazit, tauschen ihre Gedanken und Erkenntnisse aus und bereiten die Präsentation zum Abschluss des Schülerprojekts vor.

Arbeitsgruppe 3
KUNST und TANZ

Gruppenstärke: ca. 6 - 9 Schülerinnen/Schüler
Raum: Konzertsaal

Die Schülerinnen und Schüler verbinden Elemente
aus dem Kunstunterricht mit der Musik

Projektaufgabe 11: Zeichnen/Malen zur Musik von Xaver Scharwenka
Auch diese Aufgabe verlangt Geduld und Kreativität: zunächst entspannt die Musik hören und dann versuchen, Gedanken und Gefühle in ein Bild oder Skizze umzusetzen.
Schüler wählen aus diesen Titeln aus:
Piano Trio Fis-Dur op. 1 (Projekt-CD Nr. 3) oder Romanzero op. 33 (Projekt-CD Nr. 5)

Unterrichtsmittel:
 CD-Player
 2 Audio-CDs
 Zeichenblock; Malstifte; Malunterlagen

Projektaufgabe 12: Bilder verstehen, mit Bildern kommunizieren
> Bildbetrachtung - das Porträt Xaver Scharwenka
> Plakate anschauen: künstlerisch-historische Konzertplakate

Unterrichtsmittel:
 Scharwenka-Porträt an der Wandseite vorn im Saal
 Plakate an der Wandseite hinten im Saal
 Info-Seite: Bildbetrachtung
 Zur Info: Sachbuch von Eberhard Geiger „Wer war Xaver Scharwenka?"

Projektaufgabe 13: Experiment wagen
Nach Musik bewegen. Diesmal nach der Musik von Bruder PHILIPP Scharwenka. Hineinhören, einen Titel auswählen:

    * op. 20 = 2 Poln. Tänze: Polonaise u. Mazurka (Projekt-CD Nr. 6)

und dann probieren, beim Finale eventuell demonstrieren.

Unterrichtsmittel:
 CD-Player; 1 Audio-CD

Projektaufgabe 14
Zwischenfazit – Gedanken/Erkenntnisse austauschen; Präsentation vorbereiten.

Arbeitsgruppe 4
GEOGRAFIE und ENGLISCH

Gruppenstärke: ca. 3 - 5 Schülerinnen/Schüler
Raum: Klubraum

Die Schülerinnen und Schüler sind auf Scharwenkas Spuren
quer durch Europa und in den USA.
Geografisches mit dem Englischen verbinden.

Projektaufgabe 15/Geo: Scharwenka als früher „global player"
Die Orte, in denen Xaver Scharwenka außerhalb Preußens/Deutschlands Konzerte gab, sollen herausgefunden und auf der Wandkarte aufgesucht und gezeigt werden. Wichtige Begebenheiten bzw. Ereignisse werden notiert.

Unterrichtsmittel:
  Sachbuch von Eberhard Geiger „Wer war Xaver Scharwenka?"
  Autobiografie Xaver Scharwenka „Klänge aus meinem Leben"
  Lesetafeln im Musikermuseum
  Atlas; Umrisskarten; Wandkarten Europa und Nordamerika

Projektaufgabe 16/En: Xaver Scharwenka in England
The pupils have to read and note something about Xaver Scharwenka's stay in England.

Unterrichtsmittel:
  Xaver Scharwenka "Sounds from my life, reminiscences of a musician"
  Cornelsen Schulwörterbuch English G 21

Projektaufgabe 17/En: Das Intermezzo: Xaver Scharwenka in den USA
The pupils have to find out something about X. Scharwenka's life and work in the USA.

Unterrichtsmittel:
  Xaver Scharwenka "Sounds from my life, reminiscences of a musician"
  Cornelsen Schulwörterbuch English G 21

Projektaufgabe 18/Geo: Den Background ermitteln
Die USA ausgangs des 19. Jahrhunderts

Unterrichtsmittel:
  Schülerbuch 9/10 Geschichte plus, Ausgabe Brandenburg

Projektaufgabe 19
Zwischenfazit – Gedanken/Erkenntnisse austauschen; Präsentation vorbereiten.

Arbeitsgruppe 5
REGIONALES

Gruppenstärke: ca. 3 - 5 Schülerinnen/Schüler
Raum: Obergeschoss

Die Schülerinnen und Schüler schauen sich gründlich die ortsgeschichtliche Ausstellung über Künstler und andere Persönlichkeiten des öffentlichen Lebens, die in Bad Saarow und Umgebung lebten bzw. leben an und lösen folgende Aufgaben:

Projektaufgabe 20: Ortsgeschichtliches
Wissenswertes über Bad Saarower Künstler und anderen Persönlichkeiten des öffentlichen Lebens entdecken.

a) Warum weil(t)en in Bad Saarow so viele Künstler und andere Persönlichkeiten?

b) Die hier dargestellten Personen vertreten verschiedene Kunstgattungen und Bereiche des gesellschaftlichen Lebens. Welche?

c) Viele Großeltern der Schüler haben sicherlich eine enge Beziehung zu diesen Künstlern und Persönlichkeiten. Sie würden sich bestimmt freuen, wenn die Enkel sich einige Namen aus dieser Ausstellung merken und darüber erzählen können.

d) Außer Scharwenka wurden noch viele andere Künstler und Persönlichkeiten international bekannt. Die Namen herausfinden und einige Fakten darüber notieren.

e) Das Leben und kreative Schaffen in Bad Saarow fand unter sehr unterschiedlichen gesellschaftlichen Verhältnisse statt. *Wodurch waren diese Verhältnisse in diesen vier Zeitabschnitten gekennzeichnet?*
> 1900 – 1918;
> 1918 – 1945;
> 1945 - 1989/90 sowie
> 1989/90 bis heute

Unterrichtsmittel zum Nachschlagen:
Schülerbuch Grundwissen Geschichte (Sek. I) und Sek. II
Schülerbuch 7/8 sowie 9/10 Geschichte *plus. Ausgabe Brandenburg*
POCKET TEACHER **Musik** 5.-10. Klasse
POCKET TEACHER **Musik** *Abi*
Fremdwörterbuch

Projektaufgabe 21: Künstlerische Kreativität im KUNSTkabinett
Bekannte Saarower Künstler stellen hier aus. Einen Überblick verschaffen und darüber berichten.

Projektaufgabe 22
Zwischenfazit – Gedanken/Erkenntnisse austauschen; Präsentation vorbereiten.

3) PRÄSENTATION

Alle Mitglieder Arbeitsgruppen versammeln sich wieder im großen Saal.

Die Arbeitsgruppen präsentieren ihre Ergebnisse und Musikbeispiele, mit anschließendem

Gedankenaustausch.

4) FINALE UND ABSCHLUSS DES PROJEKTS

Die Schülerinnen und Schüler lauschen nochmals zur Musik von Xaver Scharwenka und erfahren dabei Interessantes über das Reproduktionsklavier.

Auf Wunsch zeigen wir einen Ausschnitt aus dem Bad Saarow-Film „und – hörst du die Stille?"

Schüler ziehen ein erstes Resümee.

Vielleicht ein lockerer Ausklang! Nur für Mutige: Ein Experiment, das auch Spaß machen kann – Musik durch Bewegung zu gestalten.
Die Schülerinnen und Schüler der Arbeitsgruppe 3 demonstrieren eventuell ihre Bewegungs-Erfahrungen zur Musik von PHILIPP SCHERWENKA. Vielleicht macht der eine oder andere Schüler aus der Klasse mit. (Projekt-CD Nr. 6)

Mit Schlussbemerkungen des Lehrers endet das Schülerprojekt.

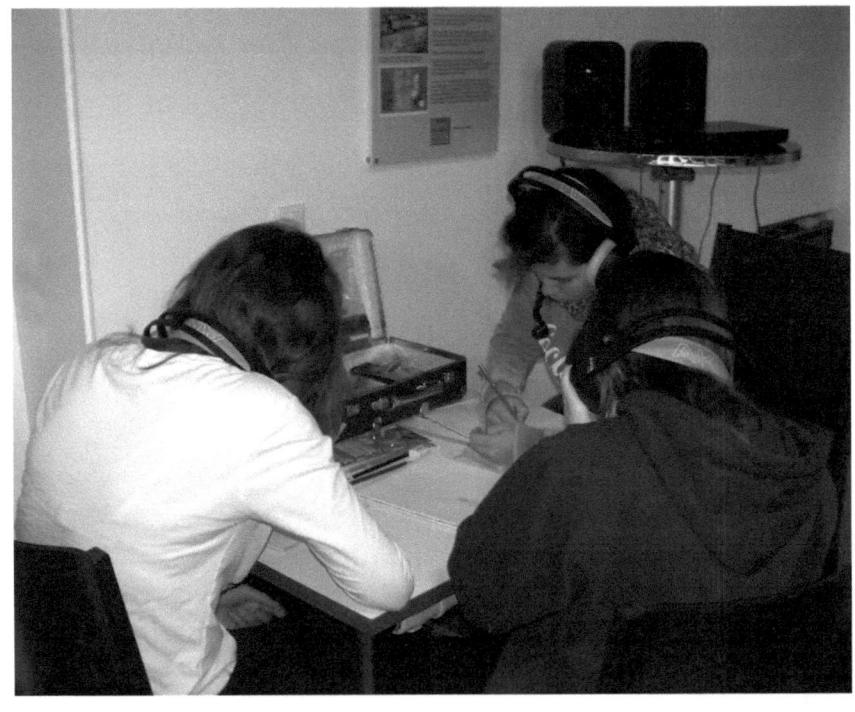

Während der Tour 2: Neues ausprobieren – nach Scharwenka-Musik malen!

30

Projektmaterialien für die Tour 2 im Überblick

Das Scharwenka Kulturforum stellt für dieses Projekt zahlreiche Unterrichtsmittel bereit, wie oben dargestellt.

Zu den großformatigen Materialien zählen die Lesetafeln im Scharwenka Kulturforum, Wandkarten, Gemälde und Plakate sowie technische Geräte.

Alle anderen Projektmaterialien, einschließlich die Schüler-Arbeitsblätter, werden jeder Arbeitsgruppe (AG) in einem **Projektkoffer** übergeben.

Die Gesamtübersicht

	Unterrichtsmittel	AG 1	AG 2	AG 3	AG 4	AG 5	zus.
1	Projekt-CD Nr. 1 *						**1**
2	Projekt-CD Nr. 2	1					**1**
3	Projekt-CD Nr. 3			1			**1**
4	Projekt-CD Nr. 4	1					**1**
5	Projekt-CD Nr. 5			1			**1**
6	Projekt-CD Nr. 6			1			**1**
7	Projekt-CD Nr. 7	1					**1**
8	E. Geiger „Wer war X. Scharwenka?"	4	3	4	2	4	**17**
9	X. Scharwenka „Klänge aus meinem Leben"	3	1		1		**5**
10	X. Scharwenka "Sounds from my life"				2		**2**
11	Schülerbuch (SB) 7/8 Geschichte *plus*		2			1	**3**
12	Schülerbuch 9/10 Geschichte *plus*		2		1		**3**
13	SB Grundwissen Geschichte (Sek. I)		2				**2**
14	SB Grundwissen Geschichte - Sek. II		2			1	**3**
15	POCKET TEACHER Musik Kl. 5.-10.	2				1	**3**
16	POCKET TEACHER Musik *Abi*	2				1	**3**
17	Arbeitsheft Musiktheorie - Oberstufe	3					**3**
18	Arbeitsheft ROMANTIK	3					**3**
19	Info-Blatt Bildbetrachtung			9			**9**
20	Atlas				1		**1**
21	Umrisskarten Europa (Teil v. Arb.-Bl.)				5		**5**
22	Umrisskarten USA (Teil v. Arb.-Bl.)				5		**5**
23	Wandkarten Europa u. USA				je 1		**2**
24	Cornelsen Wörterbuch English G 21				2		**2**
25	Fremdwörterbuch					2	**2**
26	Zeichenblöcke + Malstifte			9			**9**
27	Schüler-Arbeitsblätter	4	5	9	5	5	**28**

* Projekt-CD Nr. 1 Für die Einleitungsphase des Projekts:

Ausführliche Tourbeschreibung

TOUR 3
„Konzert-Tour" durch Europa: via Reproduktionsklavier

Kulturerlebnis der besonderen Art: Technik und Musik, die beide begeistern.

Empfehlung: Ein sehr spezielles Angebot, um junge Leute über die Technik des Funktionierens des Reproduktionsklaviers an die klassische Musik heranzuführen. Aber auch als ein besonderes Erlebnis für „Fortgeschrittene" gedacht.

Gruppenstärke: ab 5 Jugendliche; **Dauer**: ca. 1-2 Stunden

VA für die Durchführung: ehrenamtliche Mitarbeiter des Scharwenka Kulturforums

Zielstellung:
- Kinder und Jugendliche an die klassische Musik heranführen,
- Klaviermusik bewusst wahrnehmen und genießen lernen,
- Scharwenka als Komponist und Pianist nahe bringen,
- weitere Musikerpersönlichkeiten vorstellen.

Ablauf:

1. Einführende und begleitende Worte zu Beginn des Konzerts

2. Wie von Geisterhand gesteuert erklingen nun Ausschnitte berühmter Pianisten, zur Auswahl stehen 7 Pianisten aus 7 Ländern. Das Konzert in 2 Versionen:

a) berühmte Pianisten spielen ihre eigenen Werke. Wir präsentieren Ausschnitte von:

Edvard Grieg (1843-1907), Norwegen

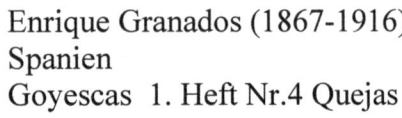 op.43 Lyrische Stücke, Nr.1 „Schmetterling"

Xaver Scharwenka (1850-1924), Deutschland
op. Nr. 5 Erzählungen am Klavier

Enrique Granados (1867-1916)
Spanien
Goyescas 1. Heft Nr.4 Quejas

Alexander N. Scrjabine (1872-1915), Russland
op. 11 Preludes Nr.1, Nr.2, Nr.13, Nr.14

Claude Debussy (1862-1918), Frankreich
Preludes Nr.1 Danses de Delphes

b) berühmte Pianisten spielen Werke alter Meister

Eugen d´ Albert
(1864 -1932)
Großbritannien

spielt
Liszt´s „Liebestraum" Nr. 3
(1811-1886)

Jozef Hofmann
(1876-1957)
Polen

spielt
Mendelssohn-Bartholdys „Rondo capriccioso" op. 14
(1809-1847)

Xaver Scharwenka
(1850-1924)
Deutschland

spielt
Beethovens „Appassionata" op.57.1
(1770-1827)

Camille Saint-Saëns
(1835-1921)
Frankreich

spielt
Chopin's „Nocturne" Nr. 5
(1810-1849)

Ausführliche Tourbeschreibung

TOUR 4
Geister-Tour: Seltsames geschieht!

Empfehlung
Für Schulklassen ab Klasse 6, Jugendherbergsgruppen, Jugendklub-Mitglieder und andere Jugendgruppen.
Dauer: ca. 2 Stunden

Verantwortlich für die Durchführung
ehrenamtliche Mitarbeiter des Scharwenka Kulturforums

Gruppenstärke: 5 – 25 Jugendliche
Worum geht es?
> ➤ Kunst und Kultur auf die lockere Tour!
> ➤ Seltsames, Gespenstisches, Uriges, Geniales kennenlernen.

Ein Geist geht um! Und das im Dreierpack! Gebt Acht und erfahrt so mehr über …

1. … den Geist Scharwenkas im Klavier!
Man hört ihn wohl, doch man sieht ihn nicht.
Genial! Oder alles nur Trick oder geht hier wirklich
ein Geist im Konzertsaal um? Überzeugt euch selber!

2. … den Erfindergeist des vergangenen Jahrhunderts!
Im Musikermuseum sind urige Dinge zu bestaunen,
z.B. ein Grammophon oder ein Metallplattenspieler.
Ob diese Instrumente noch funktionieren?
Probiert es aus!

3. … die großen Geister, die sich am Scharmützelsee niederließen!
Im Obergeschoss könnt ihr es herausfinden.
Also aufgepasst und beim Gewinnspiel mitgemacht.
Worum es geht? Mehr darüber vor Ort.
Nur so viel: Aus den richtigen Antworten verlosen wir
kleine Sachpreise.

Zum Schluss noch etwas für die Sinne:
Und – hörst du die Stille?
Wir verraten es euch, versprochen. Es ist auf jeden Fall etwas Sehens- und Hörenswertes!

Ausführliche Tourbeschreibung

TOUR 5
Piano-Tour: Junge Pianisten in Aktion

Der Bechstein- Flügel im Scharwenka Kulturforum

Empfehlung
Ein Spezialangebot für Musikschulen und musikbetonte Schulen
sowie für Lehrer, Musikschüler und Musikstudenten.

Zielstellung

➢ Vertraut machen mit der Geschichte des Klaviers und der Wirkung seiner Funktionen
u.a. mit Hilfe des Klavieratlas von Walter Scharwenka.

➢ Klavierwerke von Xaver und Philipp Scharwenka entdecken und kennen lernen und an
der Pflege des musikalischen Erbes beteiligen.

➢ Spielen auf dem Bechstein- Flügel und dem Steinway- Klavier im Kulturforum.

➢ Teilnehmen an öffentlichen Veranstaltungen und eigene Beiträge aus dem Schaffen
verschiedener Komponisten leisten.

➢ Mitwirken bei Klavierwettbewerben der Jugend, die durch die Scharwenka Stiftung
gemeinsam mit Musikschulen organisiert werden.

Inhalt / Schwerpunkte des Projekts

➢ Das Schaffen von Xaver Scharwenka wird durch das Pianoforte maßgeblich bestimmt. Dabei sind Komponist, Lehrer und Lehrbuchautor sowie weltweit gefeierter Pianist in seiner Person optimal vereint. Im Verlaufe des Projektes werden die verschiedenen Bereiche seiner Kompositionen, seine Notendrucke und handschriftliche Notenbücher und Interpretationen durch Künstler kennen gelernt.

➢ Die eigenen musikalischen Fähigkeiten der Teilnehmer sollen entwickelt, gefördert und unterstützt werden. Durch Auftritte vor Publikum und Teilnahme an Wettbewerben sollen die Sicherheit und das Selbstbewusstsein der jungen Pianisten gestärkt werden.

➢ Der stilsichere Vergleich der spätromantischen Musik der Scharwenka Brüder und anderer Epochen der Musikgeschichte soll vermittelt werden.

Xaver und Philipp Scharwenka

Ablauf / Organisation

➢ Das Projekt wird über einen längeren Zeitraum und etappenweise geführt. Der Ablaufplan wird gemeinsam zwischen Organisatoren und Teilnehmern erarbeitet und vereinbart. Eine Mindestteilnehmerzahl von 5 jungen Leuten ist erwünscht. Eine Kostenbeteiligung pro Teilnehmer kann notwendig werden.

➢ Ein/e eintägige/r Überblick/ Einführung einer Gruppe zu diesem Projekt, ggfs. unter Einbeziehung von Eltern, kann kostenlos durchgeführt werden.

➢ Die Organisation dieses Projektes wird durch das Scharwenka Kulturforum in enger Kooperation mit Musikschulen und den Musikdozenten an Hoch- und Fachschulen realisiert und erfordert die enge Zusammenarbeit mit den Schulen und Lehrern der Jugendlichen.

➢ Die Teilnahme an Klavier- Wettbewerben der Jugend erfolgt stets auf der Grundlage der für den jeweiligen Wettbewerb bestehenden Satzung und den Teilnahmebedingungen sowie den Arbeitsgrundlagen der jeweiligen Jury.

V. Organisatorisches

A) Teilnehmergebühren

Für Schüler und Jugendgruppen kostenfrei!

B) Öffnungszeiten

Allgemeine Öffnungszeiten:

* Do. bis Sa. von 13.00 Uhr bis 17.00 Uhr

* So. von 11.00 Uhr bis 17.00 Uhr

Für Schüler- und Jugendgruppen
* Vorzugstermin:
  Mo. und Di. ab 9.00 Uhr bis ca. 13.00 Uhr
  Schriftliche Anmeldung mit Terminvereinbarung erforderlich

* in Ausnahmefällen:
  Do. und Fr. von 9.00 Uhr bis ca. 13.00 Uhr
  Auch hier: schriftliche Anmeldung mit Terminvereinbarung erforderlich

* nachmittags:
  Mo. bis Mi. – nach Absprache

C) Kontakt
Scharwenka Kulturforum; Moorstraße 3; 15526 Bad Saarow

kulturforum@scharwenka-stiftung.de

Tel.: 033631 599245; Funk: 0172 7 382 1 871

D) Aktuelle INFOS

siehe auch:
www.scharwenka-stiftung.de

VI.

Anhang zu den SKF-Schülerprojekten

Anhang 1

Tour 1

Schüler-Arbeitsblätter

und

Lösungsblätter
(Lehrer-Handreichung)
(außer zu den Projektaufgaben 11 und 12)

Hinweis:

Jeder Schüler erhält zu Beginn der Projektarbeit ein Arbeitsblatt.

Es kann aber auch in Verantwortung der Schule vorab kopiert werden.

TOUR 1 – ARBEITSGRUPPE 1 – ARBEITSBLATT

Scharwenka – Ein Leben in 3 deutschen Staaten
Wie denn das? Findet es heraus!

Ort: Klubraum

Nach eurer Teilnahme an der Führung durch das Kulturforum (Projektaufgabe 1) und dem gemeinsamen Anhören (Projektaufgabe 2) eines Ausschnittes des 2. Klavierkonzerts c-Moll op. 56 (Projekt-CD Nr. 1) von Xaver Scharwenka steht nunmehr die Gruppenarbeit im Mittelpunkt. Erarbeitet gemeinsam das o. g. Thema und präsentiert zum Abschluss des Projekts eure Ergebnisse. Einigt euch, wer welche Aufgaben übernimmt.

>>> **Los geht's.**

Beschäftigt euch mit dem Leben Xaver Scharwenkas, indem ihr *Biografisches* und *Historisches* für die folgenden drei Zeitabschnitte herausarbeitet und in *Kurzvorträgen* darstellt.

Projektaufgabe 3: Zeitraum 1850-1871 im Königreich Preußen
Lesestoff:
Eberhard Geiger „Wer war Xaver Scharwenka?"; Tipp: S.11-17
Xaver Scharwenka „Klänge aus meinem Leben"; Tipp: S. 14; 20; 31; optional: S. 17/18
Schülerbuch 7/8 Geschichte *plus*; Ausg. Brandenburg; Tipp: S. 81/82; 168/169; 223-226

Projektaufgabe 4: Zeitraum 1871-1918 im Deutschen Kaiserreich
Lesestoff:
Eberhard Geiger „Wer war Xaver Scharwenka?"; Tipp: S. 17-34
Xaver Scharwenka „Klänge aus meinem Leben"; Tipp: S. 47-50 (Auszüge); 128/129
Schülerbuch Grundwissen Geschichte (Sek. I.); Tipp: S. 60-67
Schülerbuch Grundwissen Geschichte – Sek. II.; Tipp: S. 122-125
Hinweis: den USA-Aufenthalt nur kurz anreißen!

Projektaufgabe 5: Zeitraum ab 1919 in der Weimarer Republik
Lesestoff:
Eberhard Geiger „Wer war Xaver Scharwenka?"; Tipp: S. 34-36
Xaver Scharwenka „Klänge aus meinem Leben"; Tipp: S. 134; optional: S. 137/138
Schülerbuch Grundwissen Geschichte (Sek. I); Tipp: S. 68-71
Schülerbuch 9/10 Geschichte *plus*; Ausgabe Brandenburg; Tipp: S. 91-93

Zusatzliteratur: Für alle Projektaufgaben - Lesetafeln im Musikermuseum einbeziehen!

Projektaufgabe 6: Zwischenfazit - tauscht eure Gedanken und Erkenntnisse aus und bereitet euch auf die Präsentation zum Abschluss des Schülerprojekts vor.

Hinweis:
Alle Mitglieder der Arbeitsgruppen versammeln sich zur angegebenen Zeit wieder im großen Saal zur Präsentation.

Zur Projektaufgabe 3

Scharwenkas Leben in Preußen von 1850 – 1871. Biografisches u. Historisches erkunden.

Biografisches

Der Überblick aus „Wer war Xaver Scharwenka?"

- geb. 6.1.1850 in Samter, Stadt in der preußischen Provinz Posen (heute Poznań, Polen)
- Vater: Baumeister von Beruf; liebevoll für die Familie sorgend
- Mutter: slawische Herkunft (Polen); kümmerte sich um Haushalt und Erziehung; liebte die Musik mit großer Leidenschaft; sorgte für die musikalische Bildung der Kinder
- Bruder: Phillip; 3 Jahre älter; war ebenfalls musikalisch sehr begabt
- prägend: Freizeit und Ferien auf dem Landgut des Onkels nahe Samter; dort wurde auf Klavier und Geige ausgiebig musiziert
- sorglose Kindheit mit vielen Streichen
- erster Klavierunterricht mit 6 J. abgebrochen wegen einer „schmerzhaften Attacke" des L.
- Einschulung mit 7; litt an „grausamen Strafen" in der Schule
- mit 8 Jahren Umzug nach Posen; Besuch des deutschen Wilhelms-Gymnasium
- durch Mitgliedschaft im Chor Erwerb von Notenkenntnissen; Klavierspiel autodidaktisch
- als 14-Jähriger erste kompositorische Versuche
- 1865 Übersiedlung nach Berlin; Beginn einer professionellen musikalischen Ausbildung an der "Neuen Akademie für Tonkunst"; ebenso Bruder Philipp
- gab nebenbei Klavierunterricht; spielte auch in Bierkneipen, um Geld hinzuzuverdienen
- schon nach 2 Jahren (mit 17 J.) erster Konzertauftritt am Klavier; nach diesem begeisternden Auftritt schenkte der Pianofabrikant Stöcker dem jungen Xaver einen Flügel!
- mit 18 Jahren wurde X. Scharwenka bereits als Lehrer an diesem Institut eingestellt!
- um1869 entstanden die ersten eigenen Kompositionen, so die Sonate für Klavier und Violine; die „Polnischen Tänze" u.a.
- besonders prägend: X. Scharwenka besuchte Franzt Liszt in Weimar, 1870; danach weitere Kompositionen
- den Deutsch-Französischen Krieg 1870/71 ohne „kriegerische" Teilnahme überlebt; dafür Teilnahme an Wohltätigkeitsveranstaltungen

Episodenhaftes aus „Klänge aus meinem Leben"

- sein 2. Streich: X.S. malte an das rosafarbene Nachbarhaus eine riesige Lok, mit Holzkohle
- Großmutters Hochzeitsabend: ein Horror! Leiche (Kaminfeger) im Kamin
- Züchtigungen an der Samter Schule
- ein einziger Schultag am Berliner Gymnasium war ihm genug!

Historisches: In aller Kürze

- zum Verhältnis Preußen und Polen: Polen erlitt drei Teilungen durch Preußen sowie durch Russland und Österreich. 1772: Bildung von Westpreußen (u.a. mit Fluss Netze; der Stadt Bromberg); 1793: Südpreußen kommt hinzu; hier liegen Samter u. Posen; 1795: Neu-Ostpreußen (u.a. mit den Masuren)

- Zum Zeitpunkt der Geburt Scharwenkas war klar, dass die deutsche Revolution von 1848 ihr Ziel nicht erreicht hatte. Die Fürsten verhinderten die Bildung einer nationalstaatlichen Einheit Deutschlands. Der Deutsche Bund von 1815 wurde wieder hergestellt: ein lockerer Bund von 39 Einzelstaaten; Preußen wird wirtschaftliche Führungsmacht.

TOUR 1 – ARBEITSGRUPPE 1 – LÖSUNGSBLATT 4

Zur Projektaufgabe 4
Scharwenkas Leben im Deutschen Kaiserreich von 1871 – 1918.
Biografisches und Historisches erkunden.

Biografisches
Der Überblick aus „Wer war Xaver Scharwenka?"
Dieser Lebensabschnitt war gekennzeichnet durch äußerst kreative kompositorische Arbeit, intensive Lehrtätigkeit und ausgedehnte Konzertreisen durch Europa und die USA.
(Auf diese 3 Tätigkeitsfelder wird die Arbeitsgruppe 2 ausführlich eingehen)

Zahlreiche Begegnungen und Erlebnisse prägten zudem sein Leben, so z. B.:
- sein einjähriger Militärdienst (1873/74)
- die Begegnung mit dem großen Komponisten J. Brahms auf Rügen (1876)
- die wunderbare Verlobungsreise und die Hochzeit mit der Russin Zenaide Gousseff (1877)
- die Eröffnung seiner Konservatorien 1881 in Berlin und 1891 in New York (bis 1898)
- der Empfang beim Präsidenten der USA Benjamin Harrison (1890)
- der Erwerb eines Grundstücks in Bad Saarow (1910)
- die Begegnung und Freundschaft mit dem Nordpolentdecker Dr. Cook (1912) sowie
- die zahlreichen Ehrungen, die er für sein künstlerisches Schaffen erhielt, so in Österreich, Dänemark, Rumänien, USA u. natürlich in Deutschland.

Von besonderem Gewicht war sein harmonisches Familienleben (5 Kinder).

Episodenhaftes aus „Klänge aus meinem Leben"
1. Zu seiner **Militärzeit**: sie sei sehr hart und rauh im Ton gewesen; täglich ca. 10 Std. Dienst. Er empfand aber auch angenehme Seiten: er durfte Soldaten Marschlieder beibringen; war Außenschläfer, wodurch er z. B. einige Klavierstücke in dieser Zeit komponieren konnte; trotz der Strapazen und Verletzungen tat ihm der Militärdienst gut, denn er verspürte eine gesteigerte Energie in seinem Körper sowie mehr Mut, Entschlussfähigkeit, Tatkraft, Wagemut und kameradschaftlichen Sinn.

2. Im Zusammenhang mit seiner **USA-Tour** im Jahr 1912 beschreibt Xaver Scharwenka zwei interessante Ereignisse/Begegnungen:

a) *der Colt auf dem Nachttisch* im Hotelzimmer lag immer griffbereit, auch als eines Nachts ein Chinese an seinem Bett auftauchte. Dieser Hotelangestellte wollte jedoch nur einen weiteren Hotelgast im Nebenraum einquartieren. Er konnte Scharwenka gerade noch daran hindern, von der Waffe Gebrauch zu machen.

b) das Treffen in Winnipeg mit *Dr. Cook und van Westrum*
Zu Dr. Frederick Cook: 1865-1940; US-amerikanischer Polarforscher und Arzt; behauptete, als erster am Nordpol gewesen zu sein; konnte dies aber nie beweisen; ihm wurde Betrug vorgeworfen.
Herr van Westrum erfand das „Westrumit" = wasserlösliche Öle zur Berieselung von Straßen oder in Bergwerken gegen Staub und Dreck

Historisches

Ein kurzer Überblick *(aus: Grundwissen Geschichte/Sek. I.; S. 60-67)*

Es war eine sehr ereignisvolle Zeit, die in die Geschichte Deutschlands und Europas, ja der ganzen Welt einging.

- Nach dem Scheitern der deutschen Revolution 1848 trieb der preußische Ministerpräsident, Otto von Bismarck, die Bildung eines deutschen Nationalstaates voran. Preußen versprach sich dadurch Vorteile in Handel und Wirtschaft.
- Der Krieg 1870/71 gegen Frankreich zeigte deutlich, dass die Unterschiede zwischen den vielen deutschen Staaten an Bedeutung verloren hatten.
- Die lang angestrebte Gründung eines geeinten Reiches wurde schließlich in Folge des deutsch-französischen Krieges durch die Ausrufung des preußischen Königs Wilhelm I. zum deutschen Kaiser vollzogen.
- Das neu geschaffene Kaiserreich erlies im selben Jahr die Reichsverfassung, die jedoch die Vorherrschaft von König, Adel und Militär nicht antastete. Es gab zwar Wahlen zum Parlament, jedoch mit Einschränkungen.
- Gesellschaft und Wirtschaft veränderten sich stark, vor allem durch Städtewachstum, Industrialisierung, Entstehung einer Unterhaltungsbranche. Politische Aktivitäten wurden teilweise stark beschnitten.
- Die europäischen Industriestaaten und großen Industrieunternehmen strebten unaufhörlich nach Rohstoffen und Absatzmärkten. Eine neue Phase der Kolonialherrschaft begann. Das führte zu erheblichen Spannungen zwischen den europäischen Ländern. Aufrüstung war eine Folge. Die Balkankrise 1914 verschärfte die Situation. Das serbische Attentat auf den österreichisch-ungarischen Thronfolger nahm man zum Anlass für Kriegserklärungen, die schließlich im August 1914 zum Ausbruch des Ersten Weltkrieges führten.

Der Erste Weltkrieg, kurz zusammengefasst
(aus: Grundwissen Geschichte – Sek. II.; S. 122-125)

➢ Zu den Ursachen, u.a.:
- globale Rivalitäten der europäischen Großmächte
- Weltmachtpolitik unter Kaiser Wilhelm II.
- Zunahme der Spannungen und Konflikte zwischen den europäischen Staaten
- Wettrüsten der Großmächte
- allgemeine Kriegsbereitschaft auch großer Teile der Bevölkerung

➢ Zu den Zielen, u.a.:
Deutschland:
- europäische Vorherrschaft
- Gewinnung von Rohstoffquellen in Frankreich und Russland
- Eingliederung Belgiens ins deutsche Reich

Frankreich:
- Revanche für Niederlage 1870/71
- Wiedererlangung der europäischer Vormachtstellung

Großbritannien:
- Sicherung des britischen Imperiums
- Zerschlagung der deutschen Flotte

Zur Projektaufgabe 5

Scharwenkas Leben in der Weimarer Republik von 1919 – 1924.
Biografisches und Historisches erkunden.

Biografisches

Der Überblick aus „Wer war Xaver Scharwenka?"

Scharwenka erlebte die schweren Nachkriegsjahre in Berlin und in Bad Saarow. Seine schöpferische Kraft ließ stark nach, große Kompositionen erschienen nicht mehr. Die Unterrichtstätigkeit an seinem Konservatorium stellte er bald ein. Er gab aber noch Klavierseminare an einer Berliner Musikschule. Darüber hinaus engagierte er sich als Vorsitzender des Verbandes konzertierender Künstler Deutschlands. 1919 feierte Scharwenka sein 50 jähriges Künstler-Jubiläum. Einige Konzertreisen führten ihn nochmals nach Skandinavien und in die USA. Viel Zeit investierte er in die Erarbeitung seiner Autobiografie. Seit 1912 wohnte Scharwenka in seinem Saarower Haus. Hier stand ihm auch ein Piano zur Verfügung, auf dem er die „Variationen über ein eigenes Thema" komponierte.

Am 8.12.1924 starb Xaver Scharwenka an den Folgen einer Blinddarmentzündung. Er wurde in Berlin-Schöneberg beigesetzt, in einem Ehrengrab der Stadt Berlin.

Episodenhaftes aus „Klänge aus meinem Leben"

In den Wirren der jungen Weimarer Republik fand der Kapp-Putsch statt. Scharwenka wurde darin verwickelt und beinahe erschossen. Das kam so: Im März 1920 traf er aus Kopenhagen kommend in Warnemünde ein. Wie fast überall in Deutschland, so auch hier: Arbeiter- und Soldatenräte kontrollierten das Land. Die Bahnverbindung nach Berlin wurde eingestellt. Scharwenka und seine 3 Begleiter mieteten für viel Geld zunächst ein Auto, dann ein Flugzeug. Beides wurde vom „Rat" beschlagnahmt. Schließlich charterten sie ein kleines Fischerboot und verließen nachts den Hafen. Schon bald wurden sie mit Gewehrsalven beschossen. Bewaffnete Leute vom Rat enterten das Boot, durchsuchten alle Sachen, fanden nichts Verdächtiges, verboten jedoch die Weiterfahrt. Wieder an Land gerieten sie erneut unter Gewehrfeuer. Sie hatten Glück: keiner wurde getroffen. Am Folgetag fuhr dann wieder ein Zug nach Berlin. Auch dort herrschte Chaos, Wohngebiete waren abgesperrt. Scharwenka kam nicht nach Hause, er musste in einem Hotel am Bahnhof übernachten. Erst am nächsten Tag konnte er seine Familie wiedersehen.

Historisches: Zur Weimarer Republik

A) Ein kurzer Überblick *(aus: Schülerbuch Grundwissen Geschichte)*

Mit Blick bis 1924, dem Jahr, in dem Scharwenka starb.

➢ Die Weimarer Republik war die deutsche Staatsform zwischen dem Untergang des Kaiserreiches 1918 und der Machtergreifung der Nationalsozialisten unter Hitler 1933.

➢ Zum Gründungsdatum: 3 Ereignisse waren bestimmend:

a) der 9. November 1918, der Tag der „Novemberrevolution", an dem die deutsche Republik ausgerufen wurde und der deutsche Kaiser ins Ausland floh;

b) der 19. Januar 1919, der Tag der Wahlen zur Nationalversammlung Deutschlands, die in der thüringischen Stadt Weimar durchgeführt wurden (auf Grund der revolutionären Nachwirren in Berlin).

c) der 14. August 1919, der Tag an dem die Weimarer Verfassung in Kraft trat.

➤ In Deutschland übernahmen politisch gemäßigte Kräfte die Macht. Deutschland wurde eine parlamentarische Republik mit einem Reichspräsidenten an der Spitze.

➤ Zahlreiche politische u. wirtschaftliche Krisen hemmten die demokratische Entwicklung, die vor allem auch durch den Versailler Vertrag belastet wurde.

➤ Im März 1920 kam es zum Kapp-Putsch, ein Militärputsch mit dem Ziel, die Regierung zu stürzen. Der Putsch brach aufgrund des Generalstreiks nach wenigen Tagen zusammen.

➤ Das Jahr 1923 – ein besonderes Krisenjahr:
  - französische und belgische Truppen besetzten das Ruhrgebiet (wegen ausstehender Reparationszahlungen);
  - Reichswehrtruppen schlugen den Aufstand kommunistischer Kräfte in Sachsen und Thüringen nieder;
  - die Inflation führte zum völligen Verfall der Währung; Info: z.B. Preisentwicklung in Berlin: am 9.06.1923: 1 Ei = 800 Reichsmark; 1 Lt. Milch = 1440 RM; 1 Kg Kartoffeln = 5000 RM; am 2.12.1923: 1 Ei = 320 Milliarden; 1 Lt. Milch = 360 Mrd.; 1 Kg Kartoffeln = 90 Mrd.

➤ Die Lebens- und Arbeitsverhältnisse der Menschen veränderten sich grundlegend, vor allem durch aufkommende Massenproduktion, Massenkonsum und Massenmedien. Ein Wandel der Frauenrolle setze ein (z.B. Wahlrecht ab 1919), sozialpolitische Reformen begannen, starke Veränderungen in Wohnverhältnissen, Bildungspolitik, Entwicklung von Kunst, Kultur und Architektur.

B) Detailliertes: Die „Goldenen Zwanziger Jahre"
(aus: Schülerbuch 9/10 Geschichte plus)

Die „Goldenen 20er": das ist der Inbegriff freier persönlicher Entfaltung in den 20er Jahren des 20. Jahrhunderts. Ein neues Kultur- und Kunstverständnis entstand.
Kennzeichnend waren u.a.:

1. Die Frauen verlassen Heim und Herd
Selbständigkeit und selbstbewusstes Auftreten, auch in der Öffentlichkeit, waren jetzt angesagt. Die Einführung des Wahlrechts für Frauen (ab 1919) stärkte zusätzlich die Position der Frau in der Gesellschaft.

2. Die wilden Berliner Jahre
Es waren Jahre des ausgelassenen „wilden" Vergnügens. Zugleich entwickelte sich ein breites kulturelles Leben.

3. Die Anfänge der Mediengesellschaft
Tageszeitungen erscheinen in bisher nie dagewesenen Massenauflagen. Es begann der Siegeszug der Schallplatte, des Radios (1923), des Kinos (Tonfilm 1929).

4. Die Kultur wird politisch
Künstler greifen zunehmend in die politischen Debatten ein. Einige bekannte Vertreter:
- Schriftsteller Erich Maria Remarque mit dem Antikriegsroman „Im Westen nichts Neues".
- Maler Otto Dix mit seinen Antikriegsthemen.
- Bertolt Brecht mit seinen zahlreichen Gedichten und Theaterstücken.
- Architekt Walter Gropius, der 1919 in Weimar das so genannte Bauhaus schuf.
  Bauhaus als Institution/Kunstschule. Gropius entwickelte ein neues Konzept (Bauhausstil): Zusammenführung von Kunst, Handwerk und Design im Bau von Wohnungen, die auch für „einfache Leute" erschwinglich sein sollten.

TOUR 1 – ARBEITSGRUPPE 2 – ARBEITSBLATT

Scharwenka – Ein vielseitiger Künstler

Ort: Obergeschoss mit CD-Player
Nach eurer Teilnahme an der Führung durch das Kulturforum (Projektaufgabe 1) und dem gemeinsamen Anhören (Projektaufgabe 2) eines Ausschnittes des 2. Klavierkonzerts c-Moll op. 56 (Projekt-CD Nr. 1) von Xaver Scharwenka steht nunmehr die Gruppenarbeit im Mittelpunkt. Erarbeitet gemeinsam das o. g. Thema und präsentiert zum Abschluss des Projekts eure Ergebnisse. Einigt euch, wer welche Aufgaben übernimmt.

>>> **Los geht's.**

Projektaufgabe 7: der Komponist Scharwenka
7a) Kurzvortrag: Das kompositorische Schaffen Scharwenkas. Ein Überblick. >>> *Lesestoff:*
Eberhard Geiger „Wer war Xaver Scharwenka?"; Tipp: S. 14; 16/17; 50; 64/65
X. Scharwenka „Klänge aus …"; Tipp: S. 35; 41; optional: S. 44; 58/59; 67; 114
7b) Kurzvortrag: Über musikalische Gattungen, die auch Scharwenka bediente: Solokonzert, Sinfonie, Sonate, kleine poetische Klavierstücke, Oper. >>> *Lesestoff:*
POCKET TEACHER **Musik** 5. - 10. Klasse; Tipp: S. 103; 112-119
POCKET TEACHER **Musik** *Abi*; Tipp: S. 84-87; 90; 164
Höre die entsprechenden Musikbeispiele kurz an und stelle sie später bei der Präsentation vor:
> Solokonzert: 3. Klavierkonzert cis-Moll op. 80 (Projekt-CD Nr. 1)
> Sinfonie: Sinfonie c-Moll op. 60 (Projekt-CD Nr. 7)
> Sonate: Sonate d-Moll für Klavier und Violine op. 2 (Projekt-CD Nr. 3)
> kleine poetische Klavierstücke: Impromptu D-Dur op. 17 (Projekt-CD Nr. 4)
> Oper: „Mataswintha", Overtüre (Projekt-CD Nr. 2)

Projektaufgabe 8: der Pianist Scharwenka
8 a) Kurzvortrag: Vom Autodidakt zum Starpianist. >>> *Lesestoff:*
Eberhard Geiger „Wer war Xaver Scharwenka?"; Tipp: S.11; 13; 15-17; 23; 27; 30; 34/35; 44
8 b) Kurzvortrag: Scharwenka als „global player". Wo außerhalb Preußens / Deutschlands tourte er bzw. war er musikalisch tätig? Finde dies heraus! >>> *Lesestoff:*
Eberhard Geiger „Wer war Xaver Scharwenka?"; Tipp: S. 18; 23; 25; 27; 28; 32; 35
X. Scharwenka „Klänge …"; Tipp: S. 78/79; 97; 106/107; optional: S. 91-93; 115/116; 128-130;

Projektaufgabe 9: der Musikpädagoge Scharwenka
Finde Wissenswertes über seine Lehrtätigkeit heraus.
9 a) Kurzvortrag: Über erste Lehrversuche und über sein Konservatorium in Berlin
>>> *Lesestoff:* Eberhard Geiger „Wer war Xaver Scharwenka?"; Tipp: S. 16; 25; 34; 46/47
9 b) Kurzvortrag: Über sein Konservatorium in den USA
>>> *Lesestoff:* X. Scharwenka „Klänge aus …"; Tipp: S. 109/110; 111; optional: S. 117/118

Zusatzliteratur: Für alle Projektaufgaben Lesetafeln im Musikermuseum einbeziehen!
Außerdem: Arbeitsheft Musiktheorie - Oberstufe Musik; Tipp: S.48-64 Glossar, das Arbeitsheft ROMANTIK (zur Info) sowie für Aufgabe 8 den Atlas.

Projektaufgabe 10: Gedanken/Erkenntnisse austauschen, Präsentation vorbereiten.
Hinweis: Zur angegebenen Zeit wieder im großen Saal zur Präsentation einfinden.

TOUR 1 – ARBEITSGRUPPE 2 – LÖSUNGSBLATT 7

Zur Projektaufgabe 7
Zwei Kurzvorträge ausarbeiten

7a) Kurzvortrag: Das kompositorische Schaffen Scharwenkas. Kurzer Überblick

Die kompositorischen Anfänge
Schon mit 14 Jahren machte Scharwenka die ersten kompositorischen Versuche. Es waren Choralmelodien auf eigene fromme Verse für den Konfirmandenunterricht und die Einsegnung. Außerdem komponierte er ein Andante aus einer Violinsonate.
(Info: andante = Musik gleichmäßig fortschreitend, etwas langsameres Tempo gehend).

Erste Erfolge
Mit 19 Jahren (also 1869) komponierte Scharwenka eine Reihe von Kammermusikstücken. Sein Klaviertrio fis-Moll op.1 und seine Sonate für Klavier und Violine d-Moll op.2 sowie die Polnischen Tänze op. 3 fanden starke Beachtung.

Besonders prägend
Seine Treffen mit den „Großen" dieser Zeit, Franz Liszt und Johannes Brahms, hinterließen bei dem jungen Scharwenka einen tiefen Eindruck und beeinflussten positiv seine künstlerische Entwicklung.

Seine Kompositionen im Überblick
Im Rahmen eines Kurzvortrages ist es nicht möglich, ausführlich auf sein Gesamtwerk einzugehen. Daher nur so viel:
Rund 90 Kompositionen hat Xaver Scharwenka geschaffen!
Er hat alle wesentlichen musikalischen Gattungen bedient.

Man kann seine Werke wie folgt gliedern:
- Solokonzerte: vier Klavierkonzerte
- Sinfonische Werke: zwei Sinfonien (eine ist verschollen)
- Kammermusikwerke: zum Beispiel zwei Sonaten und eine Serenade
- kleine poetische Klavierstücke: darunter „Fünf Polnische Tänze" u.a.m.
- Bühnenwerke: die Oper „Mataswintha" und ein Fragment für eine Komischen Oper
Zu seinem musikalischen Schaffenswerk gehörte auch Vokalmusik: Chöre und Lieder.

Zusammenfassend nach Eberhard Geiger: Scharwenkas Werke zeichnen sich aus durch

> ➢ Große musikalische Geschlossenheit,
> ➢ Klarheit und Transparenz,
> ➢ Einprägsame und kraftvolle Themen und Motive,
> ➢ Lyrische Intensität sowie
> ➢ Oft überraschende musikalische Wendungen.

7b) Kurzvortrag: Über musikalische Gattungen, die auch Scharwenka bediente

Die musikalische Gattung ist eine komplexe Gestaltungsweise der Musik. Gattungen der Musik sind zum Beispiel:

1. Das Solokonzert

Der Begriff Konzert bezeichnet in der Musik nicht nur eine Veranstaltung, sondern auch eine musikalische Gattung.

Wortableitung: lat. concertare = wettstreiten

Das bedeutet, beim so genannten Solokonzert steht ein einzelner Solist dem Orchester gegenüber. Oder anders gesagt, es musizieren Soloinstrument/e gemeinsam bzw. im Wechsel mit dem großen Orchester. Besonders häufig tritt **das Klavier** oder die Violine als **Soloinstrument** in Erscheinung. Konzerte sind in der Regel dreisätzig.

Scharwenka-Musikbeispiel: 3. Klavierkonzert cis-Moll op. 80 (Projekt-CD Nr. 1)

2. Die Sinfonie

Die Sinfonie ist eine Komposition für ein Orchester, das sich aus mehreren Instrumental-gruppen zusammensetzt:

Streichinstrumente, Holzblasinstrumente, Blechblasinstrumente, Schlaginstrumente und bei Bedarf Klavier, Orgel, Harfe.

Sinfonien sind im Normalfall viersätzig: lebhaft – ruhig – Menuett – schnell u. lebhaft.

Info: Menuett = ein im 17. Jh. höfischer Tanz; wurde später zu einem musik. Satz im ¾ Takt

Scharwenka-Musikbeispiel: Sinfonie c-Moll op. 60 (Projekt-CD Nr. 7)

3. Die Sonate

Die Sonate ist eine Komposition für kleine Besetzungen, d.h. für ein Soloinstrument (häufig Klavier oder Violine) bzw. für mehrere Instrumente (häufig Klavier und Violine). Sie ist ein **kammermusikalisches** Werk. Dieser Begriff leitet sich aus dem Italienischen ab: Sonata da camera: die Kammersonate (im Gegensatz zur Kirchensonate).

In der Romantik sprach man je nach Besetzung von Klaviersonate oder Violinsonate usw.

Eine Sonate ist in 3 Sätzen aufgebaut: schnell – langsam – schnell.

Scharwenka-Musikbeispiel: Sonate d-Moll für Klavier und Violine op. 2 (Projekt-CD Nr. 3)

4. kleine poetische Klavierstücke

Diese kleinen Klavierstücke tragen oftmals einen außermusikalischen Titel. Meistens haben sie keine feste formale Gestaltung.

Info: Impromptu bedeutet: *lat. in promptu esse* „in Bereitschaft sein", „zur Verfügung stehen"

Scharwenka-Musikbeispiel: Impromptu D-Dur op. 17 (Projekt-CD Nr. 4)

5. Die Oper

Die Oper ist ein Musikwerk, das für eine szenische Aufführung geschaffen wurde. Es wird also vorwiegend gesungen statt gesprochen. Bestandteile einer Oper sind: Sologesang, Ensembleszenen, reine Instrumentalteile, Chöre, Tanzeinlagen, z.T. auch gesprochene Dialogszenen (z.B. im „Freischütz" von Weber).

Die Oper entstand Ende des 16. Jh. in Florenz, als man das griechische Drama der Antike wiederbeleben wollte. Durch italienische Theatergruppen verbreitete sich die Oper schnell in ganz Europa. Mozarts „Zauberflöte", 1791, war die erste erfolgreiche deutsche Oper.

Scharwenka-Musikbeispiel: „Mataswintha", Ouvertüre (Projekt-CD Nr. 2)

TOUR 1 – ARBEITSGRUPPE 2 – LÖSUNGSBLATT 8

Zur Projektaufgabe 8
Zwei Kurzvorträge ausarbeiten

8 a) Kurzvortrag: Vom Autodidakt zum Starpianist.

Xaver Scharwenka zeigte schon frühzeitig musikalische Begabung und Interessen, die sicherlich von mütterlicher Seite vererbt wurden. Seine Mutter spielte zwar selbst kein Instrument, liebte jedoch leidenschaftlich die Musik und setzte sich beharrlich für die Anschaffung eines Klaviers ein.

Xaver und Bruder Philipp verbrachten viel Freizeit und die Sommerferien auf dem Landgut ihres Onkels Golisch in Ruxmühle (nahe dem Geburtsort Samter). Dort musizierte die Familie sehr oft auf Klavier und Geige, meist ohne Notenkenntnisse. Nach Gehör wurden vor allem Mazurkas u.a. gespielt. Die Kinder mittendrin.

Anfänge systematischen Klavierunterrichts scheiterten bald wegen „Schrecken und Furcht" in der Schule. Seine Beschäftigung mit dem Klavier blieb autodidaktisch, dennoch entwickelte der kleine Xaver mit 10 bis 14 Jahren schon außergewöhnliche Fähigkeiten.
Erst mit 15 Jahren setzte seine professionelle Ausbildung an der „Neuen Akademie der Tonkünste" in Berlin ein. Er machte schnelle Fortschritte, so dass er selber schon nebenbei Klavierunterricht erteilte sowie zu Tanzveranstaltungen und in Bierlokalen spielte, um für die Familie Geld hinzuzuverdienen.
Bereits nach 2 Lehrjahren (also 1867) trat er das erste Mal öffentlich in einem Konzert auf. Sein Vortrag gefiel dem Pianofabrikanten Stöcker so sehr, dass er ihm den Flügel schenkte, auf dem er gerade so virtuos gespielt hatte. Mit 18 Jahren spielte Xaver schon so gut, dass er als Lehrer an der „Neuen Akademie" engagiert wurde!
Etwa ab 1870 gab er regelmäßig Konzerte in Deutschland. Er spielte nicht nur die „großen Meister", sondern zunehmend auch seine eigenen Werke.

In 1879 spielte er in London sein erstes Auslandskonzert mit großem Erfolg. Seine internationale Karriere als Pianist hatte damit begonnen. In zahlreichen europäischen Ländern sowie in den USA und in Kanada wurde Xaver Scharwenka als wahrer Virtuose gefeiert.
Ende des 19. Jh. gehörte Scharwenka zu den bekanntesten und erfolgreichsten Pianisten Europas. Kaiserliche und königliche Ehrungen waren die Folge, so aus Deutschland, Österreich, Dänemark, Albanien oder Rumänien. Die Ernennung zum Königlichen Professor verdankt er auch seiner großen Kunst am Klavier.

Bis 1924 hatte Scharwenka 27 Mal den Atlantik gekreuzt, meistens, um Konzerte zu geben.
Der Erste Weltkrieg und die schweren Jahre danach bedeuteten für Scharwenka eine Unterbrechung seiner Konzerttätigkeit, von Wohltätigkeitsveranstaltungen abgesehen.
Einige Konzerte Anfang der 20er Jahre in Skandinavien sowie eine letzte USA-Tour in seinem Todesjahr 1924 rundeten seine beeindruckende Pianisten-Karriere ab.

Abschließend:
Musikwissenschaftler und Musikkritiker sind sich einig: ein wahrer Künstler, der zu Unrecht in Vergessenheit geriet. Erst in den 60er Jahren des 20. Jahrhunderts erfolgte ein von den USA ausgehendes Romantik Revival.

8 b) Kurzvortrag: Scharwenka als früher „global player".
Wo genau außerhalb Preußens/Deutschlands tourte er? Finde dies heraus!

Xaver Scharwenka gab Konzerte u.a. in ....

EUROPA
01. Prag (Quelle: Xaver Scharwenka „Klänge meines Lebens", S. 53; kurz: XS 53//
                  Eberhard Geiger „Wer war Xaver Scharwenka?", S. 18; kurz: EG 18)

02. London (XS 69//EG 23)	03. Wien (XS 77//EG 27)
04. Budapest (XS 79)	05. Amsterdam (XS 91)
06. Den Haag (XS 91)	07. Rotterdam (XS 91)
08. Zürich (XS 92)	09. Luzern (XS 92)
10. Kopenhagen (XS 93//EG 27)	11. Odense/Dän. (XS 93)
12. Horsens/Dän. (XS 93)	13. Randers/Dän. (XS 93)
14. Stockholm (XS 93)	15. Kristiania/heute: Oslo (XS 93)
16. St. Petersburg (XS 96)	17. Moskau (XS 97)
18. Bukarest (XS 125//EG32)	

… und in weiteren Städten Belgiens, Finnlands, Englands, Schwedens

USA
01. New York (City)/größte Stadt der USA, im Bundesstaat New York (XS 106//EG 25)
02. Washington (D.C.)/Hauptstadt der USA, im District of Columbia=D.C. (XS 106)
03. Chicago/Stadt im BS Illinois (XS 107)
04. St. Paul/ Hauptstadt BS Minnesota (XS 107)
05. Duluth/Stadt im BS Minnesota (XS 107)
06. Omaha/Stadt im BS Nebraska (XS 107)
07. Mexico/Stadt im BS Missouri (XS 111//EG 25)
08. Nashville/Hauptstadt BS Tennessee (XS 111//EG 25)
09. Minneapolis/Stadt im BS Minnesota (XS 115)
10. Denver/Hauptstadt BS Colorado (XS 115)
11. Salt Lake City/Hauptstadt BS Utah (XS 115)
12. Newport/Stadt im BS Rhode Island (XS 116)
13. New Orleans/Stadt im BS Louisiana (XS 128)

… und in weiteren Städten der USA (Kalifornien, Südstaaten, NO-Staaten usw.)

KANADA
1. Calgary/Stadt in der Provinz Alberta (XS 128)
2. Winnipeg/ Hauptstadt der Provinz Manitoba (XS 129)
3. Toronto/Hauptstadt der Provinz Ontario (130)

… und in weiteren Städten Kanadas

Zur Projektaufgabe 9
Zwei Kurzvorträge ausarbeiten

9 a) Kurzvortrag: Über erste Lehrversuche und über sein Konservatorium in Berlin

Xaver Scharwenka war auch ein hervorragender Musikpädagoge, der sein umfangreiches Wissen und seine Erfahrungen gern an Jüngere weitergab. Dieses „Weitergeben" begann eigentlich schon, als er selbst noch Schüler war und nebenbei Klavierunterricht erteilte (um Geld hinzuzuverdienen).

Eine höhere Qualität seiner pädagogischen Arbeit setzte mit seiner Tätigkeit als Lehrer an der „Neuen Akademie der Tonkunst" in Berlin ein. Da war Scharwenka erst 18 Jahre alt, jedoch überdurchschnittlich begabt, daher das frühzeitige Angebot als Lehrer zu arbeiten.

In 1881 gründete Scharwenka sein eigenes Konservatorium in Berlin. Eine große Schülerschaft erhielt hier eine ausgezeichnete musikalische Ausbildung in Theorie, Komposition, Klavierspiel usw.
Bruder Philipp gehörte auch zu den Lehrkräften und trug dazu bei, dass das Konservatorium bald zu der führenden musikalischen Lehranstalten Berlins zählte. Dem guten Ruf zuträglich war, dass auch bekannte Künstler hier auftraten, wie z.B. Anton Rubinstein (Info: russischer Künstler; einer der erfolgreichsten Komponisten und Pianisten seiner Zeit, lebte von 1829-1894).

Zehn erfolgreiche Jahre später eröffnete Scharwenka ein weiteres Konservatorium, diesmal in den USA. Aus diesem Grunde verlegte er auch seinen Wohnsitz dorthin, von 1891 bis 1898). Mehr dazu im Kurzvortrag 9 b).

Das Berliner Konservatorium lief weiter, bei wechselnden Leitungsverantwortlichen.

Nach seiner 7-jährigen erfolgreichen Lehrtätigkeit in den USA kehrte Scharwenka nach Berlin zurück und übernahm wieder die Leitung seines Konservatoriums.
Erst 1914 legte er seine Tätigkeit im Direktorium des Konservatoriums, das inzwischen gebildet worden war, nieder.

Noch im selben Jahr gründete er gemeinsam mit Walter Petzet (Info: Pianist; Professor am Konservatorium in Dresden; Musikkritiker; 1866-1941) eine Musikschule in Berlin.

Kurzes FAZIT
Xaver Scharwenka erwarb sich weltweite Anerkennung als Musikpädagoge. Er war ein von sehr vielen Schülern gesuchter und geschätzter Klavierlehrer. Bereits zur Eröffnung seines Berliner Konservatoriums meldeten sich 101 Schüler an.
Dieses Musikinstitut besaß 42 schalldichte Studios. Über 60 Lehrkräfte waren dort tätig.

Scharwenka hat darüber hinaus Lehrschriften veröffentlicht.

9 b) Kurzvortrag: Über sein Konservatorium in den USA

Ermutigt durch Erfolge und Zuspruch seines Berliner Konservatoriums sowie seiner Konzertreisen durch die USA gründete Xaver Scharwenka im Jahre 1891 in New York eine „Zweigstelle", wie er es nannte.

Bruder Philipp und weitere Berliner Lehrkräfte unterstützten ihn dabei.

In der New Yorker Fifth Avenue No. 81 wurde das neue Konservatorium im Oktober 1891 feierlich eröffnet.

Schon bald konnte Scharwenka einschätzen: „Das Institut blühte auf."

1892 kehrte zwar Bruder Philipp nach Berlin zurück, doch das Institut entwickelte sich weiter prächtig.

Scharwenka übernahm zudem auch außerhalb seines New Yorker Konservatoriums andere musikpädagogische Aufgaben. Zum Beispiel am Hardin College im Bundesstaat Missouri sowie am Konservatorium in Nashville im Bundesstaat Tennessy. Die dortige Universität würdigte seine Leistungen durch die Verleihung des Doktortitels.

In New York blühte sein Institut weiter auf, so dass es eine räumliche Erweiterung erfuhr. Die berühmte Piano-Firma Steinway richtete ein neues Studio für das Konservatorium im Firmensitz ein.

Natürlich gab Scharwenka auch zahlreiche Konzerte in den USA und komponierte weiterhin. Die Verbindung nach Europa hielt er stets aufrecht, indem er die Sommermonate in der Heimat verbrachte.

Nach 7 Jahren New York reifte der Entschluss, wieder nach Berlin zurückzukehren, was er dann auch 1898 umsetzte.

In Berlin übernahm er wieder die Leitung des von ihm gegründeten Konservatoriums (nachdem es zuvor einige Streitigkeiten gab).
Das New Yorker Konservatorium übernahm sein Freund und Kollege Herr Gramm.

Schließlich noch das:
Xaver Scharwenka war zudem an der Gründung des Musikpädagogischen Verbandes aktiv beteiligt.
Einige Jahre war er gar Präsident.
Unter anderem veranstaltete der Verband Musikpädagogische Kongresse.

TOUR 1 – ARBEITSGRUPPE 3 – ARBEITSBLATT

Musik gestalten! Kreativität ist gefragt? Ihr packt das!

Ort: großer Saal mit CD-Player

Nach eurer Teilnahme an der Führung durch das Kulturforum (Projektaufgabe 1) und dem gemeinsamen Anhören (Projektaufgabe 2) eines Ausschnittes des 2. Klavierkonzerts c-Moll op. 56 (Projekt-CD Nr. 1) von Xaver Scharwenka steht nunmehr die Gruppenarbeit im Mittelpunkt. Erarbeitet gemeinsam das o. g. Thema und präsentiert zum Abschluss des Projekts eure Ergebnisse. Einigt euch, wer welche Aufgaben übernimmt.

>>> **Los geht's.**

Projektaufgabe 11: Malen/zeichnen zur Musik von Scharwenka
Hört euch ein Musikstück von Xaver Scharwenka an, nehmt diese Klänge wahr, lasst sie einfach auf euch wirken und in euch eindringen. Wer will, kann dabei zwischendurch auch die Augen schließen. Geht den Gedanken oder Bildern oder Stimmungen nach, die sicherlich vor eurem geistigen Auge entstehen. Greift dann zum Malstift und versucht, diese Gedanken, Bilder, Stimmungen auf Papier zu bringen.

Musik:
Sonatine op. 52/1 Tempo di Menuetto (Projekt-CD Nr. 5)

Materialien: CD-Player, Zeichenblock, Malstifte

Projektaufgabe 12: Bewegen zur Musik von Scharwenka
Nach dieser eher besinnlichen Phase soll nunmehr etwas Schwung ins Projekt kommen.
Hört euch weitere Musikstücke an, dieses Mal *von Bruder Philipp Scharwenka*. Lasst sie ebenfalls wirken und bewegt euch zu diesen Rhythmen, einfach so, wie ihr die Musik empfindet.

Musik:
Hineinhören, einen Titel auswählen und probieren:
op. 37 Wald- und Berggeister oder
op. 108 Dramatische Phantasie oder
(Projekt-CD Nr. 6)

Materialien: CD-Player

>>> *Lesestoff zur Info:* Eberhard Geiger „Wer war Xaver Scharwenka?"

Projektaufgabe 13: Zwischenfazit - tauscht eure Gedanken und Erkenntnisse aus und bereitet euch auf die Präsentation zum Abschluss des Schülerprojekts vor.

Hinweis:
Alle Mitglieder der Arbeitsgruppen versammeln sich zur angegebenen Zeit wieder im großen Saal zur Präsentation.

TOUR 1 – ARBEITSGRUPPE 4 – ARBEITSBLATT

Scharwenka – damals und heute.
Ein Stern der Romantik ging unter. Warum? Und Scharwenka heute?

Ort: Musikermuseum

Nach eurer Teilnahme an der Führung durch das Kulturforum (Projektaufgabe 1) und dem gemeinsamen Anhören (Projektaufgabe 2) eines Ausschnittes des 2. Klavierkonzerts c-Moll op. 56 (Projekt-CD Nr. 1) von Xaver Scharwenka steht nunmehr die Gruppenarbeit im Mittelpunkt. Erarbeitet gemeinsam das o. g. Thema und präsentiert zum Abschluss des Projekts eure Ergebnisse. Einigt euch, wer welche Aufgaben übernimmt.

>>> **Los geht's.**

Projektaufgabe 14: Die Musikepoche Romantik
Erarbeitung eines Kurzvortrags: Die Musikepoche Romantik im Überblick.
Verständigt euch über eine eventuelle Aufteilung von Teilthemen.

Lesestoff:
POCKET TEACHER **Musik** 5. - 10. Klasse; Tipp: S. 60-62
POCKET TEACHER **Musik** *Abi*; Tipp: S. 159
Lesetafeln im Musikermuseum
Arbeitsheft ROMANTIK; Tipp: S. 4-5; optional: S. 54-57; 21 und 40; 16 und 37; 18-20

Projektaufgabe 15: Zur Bedeutung der Künstlerpersönlichkeit Scharwenka
Erarbeitung eines Kurzvortrags: Zu Unrecht vergessen! Zu Recht wiederentdeckt!
Auch hier: Verständigt euch über eine eventuelle Aufteilung von Teilthemen.

Lesestoff:
Eberhard Geiger „Wer war Xaver Scharwenka?"; Tipp: S. 4; 38; 41/42; 44/45; 48
Arbeitsheft Musiktheorie - Oberstufe Musik; Tipp: S.48-64 Glossar (Wörterliste/Fachbegriffe)
Lesetafeln im Musikermuseum

Projektaufgabe 16: Zwischenfazit - tauscht eure Gedanken und Erkenntnisse aus und bereitet euch auf die Präsentation zum Abschluss des Schülerprojekts vor.

Hinweis:
Alle Mitglieder der Arbeitsgruppen versammeln sich zur angegebenen Zeit wieder im großen Saal zur Präsentation.

Zur Projektaufgabe 14
Erarbeitung eines Kurzvortrags: Die Musikepoche Romantik im Überblick.

Die Musikepoche Romantik reicht von etwa 1800 bis etwa 1900.

Man kann sie in 3 bzw. 4 Abschnitte einteilen:

1. Frühromantik von 1800 bis 1830
   eine überwiegend deutsche Erscheinung; einige Vertreter: Weber, Schubert,

2. Hochromantik von 1830 bis 1850
   in ganz Europa; Zentrum Paris; einige Vertreter: Berlioz, Chopin, Schumann,
   Mendelssohn-Bartholdy, Verdi

3. Spätromantik von 1850 bis 1890,
   einige Vertreter: Wagner, Liszt, Bruckner, Brahms,

4. Jahrhundertwende bis ca. 1914, dem Ausbruch des Ersten Weltkrieges;
   einige Vertreter: Puccini, Mahler, Strauss

Xaver Scharwenka ist demnach der *Spätromantik* zuzuordnen.

Kennzeichnend für die musikalische Epoche der Romantik sind:
 ➢ Romantische Musik wird vor allem vom Bildungsbürgertum getragen.
 ➢ Das Klavier gewinnt enorm an Bedeutung, es erobert die Haushalte.
 ➢ Das Musizieren zu Hause, die „Hausmusik" entwickelt sich zunehmend.
 ➢ Durch technischen Fortschritt im Notendruck haben breite Massen Zugang zur Musik.
 ➢ Das Musizieren in Salons wird wichtig, um geladenen Gästen vorzuspielen.
 ➢ Die Orchesterwerke werden länger, die Orchester größer.
 ➢ Neue Musikberufe entstehen: Musikverleger, Musikkritiker, Berufsmusiker.
 ➢ Die musikalischen Formen sind vielfältig.
 ➢ Die Musik wird insgesamt farbenreicher, ausdrucksstärker, kantiger.
 ➢ Die Lautstärke (Dynamik) geht ins Extreme.

Zur Spätromantik im Besonderen
Es entstehen nationale Stilrichtungen!
Romantische Musikwerke einzelner Künstler unterscheiden sich auch national.
So bilden sich „Nationale Schulen" heraus, z.B. durch …
 ➢ Brahms mit „Deutsches Requiem",
 ➢ Smetana mit dem Zyklus „Mein Vaterland" oder
 ➢ Grieg mit der norwegischen Sagenvertonung „Peer Gynt".

Wandel in der Kunstauffassung:
Die jüngere Generation wendet sich in der Romantik von der nüchternen Rationalität oder von
formvollendeten Proportionen der bisherigen Musik ab.
Gefühle, Subjektivität und Fantasie dominieren jetzt!

Zur Projektaufgabe 15
Zur Bedeutung der Künstlerpersönlichkeit Scharwenka.
Erarbeitung eines Kurzvortrags: Zu Unrecht vergessen! Zu Recht wiederentdeckt!

Xaver Scharwenka teilte das Schicksal vieler berühmter Zeitgenossen, die in der Wilhelminischen Ära, also in der Zeit des Deutschen Kaiserreiches 1871-1918, lebten und künstlerisch wirkten, nämlich: öffentliche Nachrufe und Würdigungen fielen spärlich aus und sie gerieten bald in Vergessenheit. Und das zu Unrecht!
Jedoch, solcherlei gab es auch schon vorher, wie Annerose Schmidt in ihrem Geleitwort (siehe S. 4 bei Eberhard Geiger) hervorhob: Selbst der große J. S. Bach (1685-1750) war schon kurz nach seinem Tode vergessen!

Xaver Scharwenka erging es ähnlich, viele Jahre später. *WARUM nur?* Hugo Leichentritt (1854-1971, Musikwissenschaftler, Lehrer für Komposition, Musikgeschichte, Musikästhetik) brachte es auf den Punkt: Das liege „*nicht an einer Minderwertigkeit seiner Kunst, sondern an der furchtbaren Ungerechtigkeit, mit der die hochmütige, ihre eigene Wichtigkeit stark überschätzende radikale Kunstausübung und auch Kunstkritik unserer Zeit alles gewaltsam beiseiteschiebt und verkleinert ...*", was nicht in ihrem Sinne ist (siehe S. 48 bei Eberhard Geiger).
Eines der Ziele der neuen Generation im Zuge der tiefgreifenden gesellschaftlichen Veränderungen lautete: „Los von der Romantik". Und gemeint war, hin zu objektiven Werten! Im Strudel der Neuorientierungen wurden viele dieser romantischen Künstler ins Abseits gestellt. Leichentritt gab aber auch der Hoffnung preis, dass Xaver Scharwenka die zutreffende Würdigung eines Tages finden wird, dann nämlich, wenn man die Musik des 19. Jh. unparteiisch-kritisch und leidenschaftslos betrachten wird. Sehr, sehr spät wurde dieser Zeitpunkt erreicht. Selbst noch 2006 wird in einem deutschen Lexikon des Klaviers der Name Scharwenka nicht erwähnt.

Und was Scharwenka heute betrifft, so halten wir uns an jene, die davon etwas verstehen, an Prof. A. Schmidt (ehemalige Direktorin der Kunsthochschule Berlin), Prof. Feigelsohn (Standfort Universität, USA), Prof. E. Trenkner (Pianistin und Hochschulprof. aus Bremen), Dr. Eberhard Geiger (Musikwissenschaftler) und andere, die Scharwenkas künstlerisches Schaffen zu würdigen wissen. Hier in aller gebotenen Kürze:
Xaver Scharwenka war eine Künstlerpersönlichkeit mit überdurchschnittlichen und vielfältigen Begabungen und Fähigkeiten, denn er war …
- ein Klaviervirtuose mit Weltgeltung, bekannt durch sein brillant-virtuoses Ausdrucksspiel,
- ein Komponist mit Weltruhm, der rund 90 Opus-Werke schuf,
- ein Klavierpädagoge mit weltweiter Anerkennung, der zwei musikalische Konservatorien gegründet, geleitet sowie mehrere klavierpädagogische Schriften veröffentlicht hat,
- ein ausgezeichneter Dirigent,
- ein kulturpolitisch engagierter Vorsitzender mehrerer Verbände,
- gefragter Musikberichterstatter, z.B. für englische Zeitungen,
- Herausgeber sämtlicher Klavierstücke von Schumann und Chopin,
- ein Musiker, der auch von solchen „Größen" wie Liszt, Rubinstein oder Brahms geachtet und anerkannt wurde,
- ein Künstler, der zur Lebzeiten zahlreiche nationale und internationale Ehrungen erhielt: Senator, Professor, Ehrendoktor sowie mehrere höfische Auszeichnungen.

Anhang 2

Tour 2

Schüler-Arbeitsblätter

und

Lösungsblätter
(Lehrer-Handreichung)
(außer zu den Projektaufgaben 11 und 13)

Hinweis:

Jeder Schüler erhält zu Beginn der Projektarbeit ein Arbeitsblatt.

Es kann aber auch in Verantwortung der Schule vorab kopiert werden.

TOUR 2 – ARBEITSGRUPPE 1 MUSIK – ARBEITSBLATT

Musik hören, über Musik lesen u. nachdenken! Biografisches erkunden

Ort: Musikermuseum mit CD-Player

Nach eurer Teilnahme an der Führung durch das Kulturforum (Projektaufgabe 1) und dem gemeinsamen Anhören (Projektaufgabe 2) eines Ausschnittes des 1. Klavierkonzerts b-Moll op. 32 (Projekt-CD Nr. 1) von Xaver Scharwenka steht nunmehr die Gruppenarbeit im Mittelpunkt. Erarbeitet gemeinsam das Thema und präsentiert zum Abschluss eure Ergebnisse. Einigt euch selbständig, wer welche Aufgaben übernimmt.

>>> **Los geht's.**

Projektaufgabe 3: Biografisches

Erarbeitet eine *Kurzbiografie* Scharwenkas. Beachtet dabei besonders die 3 Zeiträume 1850 bis 1870/71 und 1871 bis 1918 sowie 1919 bis 1924. *Lesestoff:* E. Geiger „Wer war Xaver Scharwenka?"; Tipp: S.11-17; 18, 21, 23, 25, 27/28, 30, 32, 34/35. Zusatz: X. Scharwenka „Klänge aus meinem Leben ..."; Tipp: S. 20, 31; 134; optional: S. 48

Projektaufgabe 4: Scharwenka-Musik einordnen und wahrnehmen

4.1 Erarbeitet einen Kurzvortrag: Über die *Musikepoche Romantik*
Lesestoff: POCKET TEACHER **Musik** 5-10; S. 60-62; / P.TEACHER **Musik** *Abi*; S. 159
Arbeitsheft ROMANTIK; Tipp: S. 4-5; optional: S. 54-57; 21 und 40; 16 und 37; 18-20
4.2 Hört euch folgende *Musikbeispiele* aus 3 Schaffensperioden Scharwenkas an:
a) 5 Polnische Tänze op. 3 (Projekt-CD Nr. 2 oder 4)
b) Sinfonie c-Moll op. 60 (Projekt-CD Nr. 7)
c) 4. Klavierkonzert f-Moll op. 82 (Projekt-CD Nr. 2)
Ordnet sie den Schaffensperioden zu. Bei der Präsentation sollen die Musikstücke angespielt und kurz kommentiert werden.
Lesestoff: E. Geiger „Wer war Xaver Scharwenka?"; Tipp: S. 51, 52 (auch S.17), 55, 56/57

Projektaufgabe 5: Scharwenka: eine herausragende Künstlerpersönlichkeit

In Kurzvorträgen Wesentliches über den Künstler herausarbeiten
a) der Komponist Scharwenka. Sein kompositorisches Schaffen. Ein Überblick.
>>> *Lesestoff:* Eberhard Geiger „Wer war Xaver Scharwenka?"; Tipp: S. 14; 16/17; 50; 64/65
         X. Scharwenka „Klänge aus ..."; Tipp: S. 35; 41; optional: S. 44; 58; 67; 114
b) *der Pianist Scharwenka. Vom Autodidakt zum Starpianist!*
>>> *Lesestoff:* „Wer war Xaver Scharwenka?"; Tipp: S.11; 13; 15-17; 23; 27; 30; 34/35; 44
c) *der Musiklehrer Scharwenka.* Über erste Lehrversuche und seine beiden Konservatorien.
>>> *Lesestoff:* Eberhard Geiger „Wer war Xaver Scharwenka?"; Tipp: S. 16; 25; 34; 46/47
         X. Scharwenka „Klänge aus ..."; Tipp: S. 109/110; 111

Zusatz: Für alle Projektaufgaben - Lesetafeln im Musikermuseum einbeziehen!
Auch zum Nachschlagen: POCKET TEACHER **Musik** 5.-10. Kl. u. POCKET TEACHER **Abi**;
Arbeitsheft Musiktheorie - Oberstufe Musik; Tipp: S. 48-64 Glossar (Wörterliste/Fachbegriffe)

Projektaufgabe 6: Gedanken/Erkenntnisse austauschen u. Präsentationsvorbereitung.

Hinweis: Zur angegebenen Zeit wieder im Saal zur Präsentation und dem Finale einfinden.

TOUR 2 – ARBEITSGRUPPE 1 MUSIK – LÖSUNGSBLATT 3

Zur Projektaufgabe 3

Biografisches: Kurzbiografie Scharwenkas erarbeiten, bei besonderer Beachtung der 3 Zeiträume 1850 bis 1870/71 und 1871 bis 1918 sowie 1919 bis 1924

a) Zeitraum 1850 bis ca. 1871

Geboren am 6.1.1850 als Xaver Theophil Franz Scharwenka in der Kleinstadt Samter, damals zur preußischen Provinz Posen gehörend, heute als Szamotuly in der polnischen Region Poznań bekannt. Sein Vater August Wilhelm war Baumeister, seine Mutter Apollonie Emilie mit slawischen Wurzeln. Bruder Philipp kam 3 Jahre früher zur Welt. Beide Jungs zeigten schon früh außerordentliche musikalische Begabung, vererbt von der Mutter, die leidenschaftlich Musik liebte. In Ruxmühle, nahe Samter, lebte Onkel Golisch auf einem Landgut. Dort spielte man Hausmusik auf Klavier und Geige, vor allem die Tänze Mazurka und Krakowiak. Die Kinder lernten hier nach Gehör zu musizieren. Xaver verbrachte eine sorgenfreie Kindheit in kultureller, religiöser und ethnischer Vielfalt, die auch durch Urahn Wenzeslaus aus Böhmen, der im 17. Jh. nach Frankfurt/Oder übersiedelte, geprägt wurde. Das Klavier übte seit früher Kindheit eine große Anziehungskraft aus. Ein geregelter Klavierunterricht scheiterte jedoch an der preußischen Schule, wo Schüler mit Zucht und Ordnung erzogen werden sollten, was nicht im Sinne von Scharwenka war.

1858 Umzug nach Posen, Besuch des deutschen Wilhelms-Gymnasiums, wo Xaver auch Latein und Griechisch lernte. Jedoch gab es auch dort die Prügelstrafe. Nichts desto trotz sang Xaver im Schulchor mit und erwarb endlich Notenkenntnisse. Das Klavierspiel blieb jedoch vorerst autodidaktisch, er spielte dennoch schon schwierige Stücke, so z.B. von Mendelssohn Bartholdy. Mit 14 J. erste kompositorische Versuche (mehr in Aufgabe 5).

1865 zog die Familie nach Berlin. Xaver sollte das Gymnasium besuchen und später Medizin studieren. Doch die Leidenschaft für Musik war stärker: Xaver wurde Klavierschüler an der „Neuen Akademie der Tonkunst" und erhielt dort eine solide musikalische Ausbildung. Schon nach 2 Jahren gab er sein erstes öffentliches Konzert im Rahmen einer Akademie-Veranstaltung. Mit 18 J. wurde er als Lehrer an derselben Akademie eingestellt (auch dazu mehr in Aufgabe 5). Die ersten Opus-Werke entstanden um 1869/70, die ersten deutschlandweiten Konzerte gab er auch in dieser Zeit (siehe Aufgabe 5). Den Deutsch-Französischen Krieg überlebte er ohne Kriegseinsatz.

b) Zeitraum 1871 bis 1918

Jetzt im Deutschen Kaiserreich leistete Scharwenka 1874 seinen Militärdienst in Berlin.
Eine ausgedehnte und erfolgreiche Konzertreise unternahm er 1876. Er gab weiterhin Klavierunterricht und lernte dabei die Russin Zenaide Gousseff kennen, die er 1877 heiratete. Beide hatten in ihrer Ehezeit 5 Kinder. *Wichtiges hier in Kurzform*: 1879 und 1880 erste Konzerte in England und in den USA; 1881 und 1891 Eröffnung eigener Konservatorien in Berlin und New York; 1905 Aufnahme von 14 Klavierstücken auf dem elektrischen Reproklavier; 1910 Erwerb des hiesigen Grundstücks in Bad Saarow. Der Erste Weltkrieg 1914-1918 war auch für Scharwenka ein herber Einschnitt. Vereinzelt spielte er zu Wohltätigkeitszwecken oder gar an der Front.

c) Zeitraum ab 1918/19

Eine kurze Lebensphase verbrachte Scharwenka nunmehr in der Weimarer Republik. Die Nachkriegswirren erlebte er in Berlin und Bad Saarow. 1919 große Feier anlässlich seines 50jährigen Künstler-Jubiläums. Nur noch einige Konzerte und Kompositionen. Er starb 1924.

Zur Projektaufgabe 4
Scharwenka-Musik einordnen, Scharwenka-Musik wahrnehmen

4.1 Kurzvortrag ausarbeiten: Über die Musikepoche Romantik

Die Musikepoche Romantik reicht von etwa 1800 bis etwa 1900. Man kann sie in 3 bzw. 4 *Abschnitte* einteilen:

a) Frühromantik von 1800 bis 1830; eine überwiegend deutsche Erscheinung; einige Vertreter: Weber, Schubert,

b) Hochromantik von 1830 bis 1850; in ganz Europa; Zentrum Paris; einige Vertreter: Berlioz, Chopin, Schumann, Mendelssohn-Bartholdy, Verdi

c) Spätromantik von 1850 bis 1890; einige Vertreter: Wagner, Liszt, Bruckner, Brahms,

d) Jahrhundertwende bis ca. 1914, dem Ausbruch des Ersten Weltkrieges; einige Vertreter: Puccini, Mahler, Strauss

Xaver Scharwenka ist demnach der ***Spätromantik*** zuzuordnen.

Kennzeichen für die musikalische Epoche der Romantik sind:

Romantische Musik wird vor allem vom Bildungsbürgertum getragen. Das Klavier gewinnt enorm an Bedeutung, es erobert die Haushalte. Das Musizieren zu Hause, die „Hausmusik" entwickelt sich zunehmend. Durch technischen Fortschritt im Notendruck haben breite Massen Zugang zur Musik. Das Musizieren in Salons wird wichtig, um geladenen Gästen vorzuspielen. Die Orchesterwerke werden länger, die Orchester größer. Neue Musikberufe entstehen: Musikverleger, Musikkritiker, Berufsmusiker. Die musikalischen Formen sind vielfältig. Die Musik wird insgesamt farbenreicher, ausdrucksstärker, kantiger. Die Lautstärke (Dynamik) geht ins Extreme.

Zur Spätromantik im Besonderen:

Es entstehen nationale Stilrichtungen! Romantische Musikwerke einzelner Künstler unterscheiden sich auch national. So bilden sich „Nationale Schulen" heraus, z.B. durch Brahms mit „Deutsches Requiem", Smetana mit dem Zyklus „Mein Vaterland" oder Grieg mit der norwegischen Sagenvertonung „Peer Gynt". Die jüngere Generation wendet sich in der Romantik von der nüchternen Rationalität oder von formvollendeten Proportionen der bisherigen Musik ab. Gefühle, Subjektivität und Fantasie dominieren jetzt!

4.2 Musikbeispiele anhören, zuordnen und zur Präsentation vorstellen

Die aufgeführten Musikbeispiele kann man 3 Schaffensperioden Scharwenkas zuordnen:

a) Jugend u. Studierzeit (1868-1875): Polnische Tänze op. 3 (Projekt-CD Nr. 4)

b) Mittlere Periode und Reifezeit (1877-1900): Sinfonie c-Moll op.60 (Projekt-CD Nr. 7)

c) Spätzeit (1907-1924): 4. Klavierkonzert op. 82 (Projekt-CD Nr. 2)

Kurz kommentiert:

Zu a) Polnische Tänze op. 3: entstand 1870; von den 5 Tänzen erlangte der 1. Tanz große Popularität und Verbreitung. Das Stück wurden zu Lebzeiten mehr 3 Mio. Mal als Notenexemplar verkauft. Die Tänze spiegeln Scharwenkas Kindheitserinnerungen in Samter wider, wo Mazurka u.a. Tänze sehr beliebt waren.

Zu b) Sinfonie c-Moll op. 60: entstand 1882; seine einzige Sinfonie; er verwirklichte damit seine Idee, einmal „eine größere Orchesterkomposition" zu schreiben; er schuf eine Musik, die von einem tief romantischen Ausdruckswillen getragen und glänzend instrumentiert ist.

Zu c) 4. Klavierkonzert op. 82: entstand zw. 1907 u. 1908; das Meisterwerk der Spätzeit; die Fachwelt urteilte so: eine Musik, die bezaubert, bewegt, mit Feuer u. Leidenschaft erfüllt ist, kraftstrotzend, schwierig zu spielen, geladen mit Spannung u. Elektrizität, Schwung u. Sturm.

Zur Projektaufgabe 5

Scharwenka – eine herausragende Künstlerpersönlichkeit. Kurzvorträge erarbeiten.

a) Der Komponist. Sein kompositorisches Schaffen. Ein Überblick

Die kompositorischen Anfänge: Schon mit 14 Jahren machte Scharwenka die ersten kompositorischen Versuche. Es waren Choralmelodien auf eigene fromme Verse für den Konfirmandenunterricht und die Einsegnung. Außerdem komponierte er ein Andante aus einer Violinsonate (Info: andante = Musik gleichmäßig fortschreitend, langsameres Tempo gehend).

Erste Erfolge: Mit 19/20 Jahren (also 1869/70) komponierte Scharwenka eine Reihe von Kammermusikstücken. Sein Klaviertrio fis-Moll op.1 und seine Sonate für Klavier und Violine d-Moll op.2 sowie die Polnischen Tänze op. 3 fanden starke Beachtung.

Besonders prägend: Seine Treffen mit den „Großen" dieser Zeit, Franz Liszt und Johannes Brahms, hinterließen bei dem jungen Scharwenka einen tiefen Eindruck und beeinflussten positiv seine künstlerische Entwicklung.

Seine Kompositionen im Überblick: Im Rahmen eines Kurzvortrages ist es nicht möglich, ausführlich auf sein Gesamtwerk einzugehen. Daher nur so viel: Rund 120 Kompositionen hat Xaver Scharwenka geschaffen! Er hat alle wesentlichen musikalischen Gattungen bedient.

Man kann seine Werke wie folgt gliedern:
- Solokonzerte: Vier Konzerte *für Klavier* und Orchester
- Sinfonische Werke: zwei Sinfonien (eine ist verschollen)
- Kammermusikwerke: zum Beispiel zwei Sonaten und eine Serenade
- kleine poetische Klavierstücke: darunter die „Fünf Polnischen Tänze" u.a.m.;
- Bühnenwerke: die Oper „Mataswintha" und ein Fragment für eine Komischen Oper

Zu seinem musikalischen Schaffenswerk zählte auch Vokalmusik: Chöre und Lieder.

Zusammenfassend nach Eberhard Geiger: Seine Werke zeichnen sich aus durch:
Große musikalische Geschlossenheit, Klarheit und Transparenz, Einprägsame und kraftvolle Themen und Motive, Lyrische Intensität sowie oft überraschende musikalische Wendungen.

b) Der Pianist. Vom Autodidakt zum Starpianist!

Xaver Scharwenka zeigte schon frühzeitig musikalische Begabung und Interessen, die von mütterlicher Seite vererbt wurden. Seine Mutter spielte zwar selbst kein Instrument, liebte jedoch leidenschaftlich die Musik und setzte sich beharrlich für die Anschaffung eines Klaviers ein. Xaver und Bruder Philipp verbrachten viel Freizeit und die Sommerferien auf dem Landgut ihres Onkels Golisch in Ruxmühle (nahe dem Geburtsort Samter). Dort musizierte die Familie sehr oft auf Klavier und Geige, meist ohne Notenkenntnisse. Nach Gehör wurden vor allem Mazurkas u.a. gespielt. Die Kinder mittendrin.

Anfänge systematischen Klavierunterrichts scheiterten bald wegen „Schrecken und Furcht" in der Schule. Seine Beschäftigung mit dem Klavier blieb autodidaktisch, dennoch entwickelte der kleine Xaver mit 10 bis 14 Jahren schon außergewöhnliche Fähigkeiten.

Erst mit 15 Jahren setzte seine professionelle Ausbildung an der „Neuen Akademie der Tonkünste" in Berlin ein. Er machte schnelle Fortschritte, so dass er selber schon nebenbei Klavierunterricht erteilte sowie zu Tanzveranstaltungen und in Bierlokalen spielte, um die Familie zu unterstützen. Bereits nach 2 Lehrjahren (also 1867) trat er das erste Mal öffentlich in einem Konzert auf. Sein Vortrag gefiel dem Pianofabrikanten Stöcker so sehr, dass er ihm den Flügel schenkte, auf dem er gerade so virtuos gespielt hatte.

Etwa ab 1870 gab er regelmäßig Konzerte in Deutschland. Er spielte nicht nur die „großen Meister", sondern zunehmend auch seine eigenen Werke.

In 1879 gab er in London sein erstes Auslandskonzert mit großem Erfolg. Seine internationale Karriere als Pianist hatte damit begonnen. In zahlreichen europäischen Ländern sowie in den USA und in Kanada wurde Scharwenka als wahrer Virtuose gefeiert.

Ende des 19. Jh. gehörte Xaver Scharwenka zu den bekanntesten und erfolgreichsten Pianisten Europas. Kaiserliche und königliche Ehrungen waren die Folge, so aus Deutschland, Österreich, Dänemark, Albanien oder Rumänien. Die Ernennung zum Königlichen Professor verdankt er auch seiner großen Kunst am Klavier.

Bis 1913 hatte Scharwenka 26 Mal den Atlantik gekreuzt, meistens, um Konzerte zu geben.

Der Erste Weltkrieg und die schweren Jahre danach bedeuteten für Scharwenka eine Unterbrechung seiner Konzerttätigkeit, von Wohltätigkeitsveranstaltungen abgesehen.

Einige Konzerte Anfang der 20er Jahre in Skandinavien sowie eine letzte USA-Tour in seinem Todesjahr 1924 rundeten seine beeindruckende Pianisten-Karriere ab.

Abschließend: Musikwissenschaftler und Musikkritiker sind sich: ein wahrer Künstler, der zu Unrecht in Vergessenheit geriet.

c) Der Musiklehrer. Über erste Lehrversuche und seine 2 Konservatorien

Xaver Scharwenka war auch ein hervorragender Musikpädagoge, der sein umfangreiches Wissen und seine Erfahrungen gern an Jüngere weitergab. Dieses „Weitergeben" begann eigentlich schon, als er selbst noch Schüler war und nebenbei Klavierunterricht erteilte.

Eine höhere Qualität seiner pädagogischen Arbeit setzte mit seiner Tätigkeit als Lehrer an der „Neuen Akademie der Tonkunst" in Berlin ein. Da war Scharwenka **erst 18 Jahre** alt, jedoch überdurchschnittlich begabt, daher das frühzeitige Angebot, als Lehrer zu arbeiten.

In 1881 gründete Scharwenka sein eigenes Konservatorium in Berlin. Eine große Schülerschaft erhielt hier eine ausgezeichnete musikalische Ausbildung in Theorie, Komposition, Klavierspiel usw. Bereits zur Eröffnung des Konservatoriums meldeten sich 101 Schüler an. Dieses Musikinstitut besaß 42 schalldichte Studios. Über 60 Lehrkräfte waren dort tätig.

Bruder Philipp gehörte auch zu den Lehrkräften und trug dazu bei, dass das Konservatorium bald zu der führenden musikalischen Lehranstalten Berlins zählte. Dem guten Ruf zuträglich war, dass auch bekannte Künstler hier auftraten, wie z.B. Anton Rubinstein (Info: russischer Künstler; einer der erfolgreichsten Komponisten/Pianisten seiner Zeit, lebte von 1829-1894).

Zehn erfolgreiche Jahre später eröffnete Scharwenka ein weiteres Konservatorium, diesmal in den USA, in New York. Aus diesem Grunde verlegte er auch seinen Wohnsitz dorthin, von 1891 bis 1898. Scharwenka übernahm auch außerhalb von New York musikpädagogische Aufgaben. Zum Beispiel am Hardin College im Bundesstaat Missouri sowie am Konservatorium in Nashville im Bundesstaat Tennessy. Die dortige Universität würdigte seine Leistungen durch die Verleihung des Doktortitels.

Natürlich gab Scharwenka auch zahlreiche Konzerte in den USA und komponierte weiterhin.

Nach 7 Jahren New York reifte der Entschluss, wieder nach Berlin zurückzukehren, was er dann auch 1898 umsetzte.

In Berlin übernahm er wieder die Leitung des von ihm gegründeten Konservatoriums (nachdem es zuvor einige Streitigkeiten gab). Erst 1914 legte er seine Tätigkeit im Direktorium des Konservatoriums, das inzwischen gebildet worden war, nieder.

Noch im selben Jahr gründete er gemeinsam mit Walter Petzet (Info: Pianist; Professor am Konservatorium in Dresden; Musikkritiker; 1866-1941) eine Musikschule in Berlin.

Kurzes FAZIT: Xaver Scharwenka erwarb sich weltweite Anerkennung als Musikpädagoge. Er war ein von sehr vielen Schülern gesuchter und geschätzter Klavierlehrer. Scharwenka hat darüber hinaus Lehrschriften veröffentlicht.

Schließlich noch das: Scharwenka war zudem an der Gründung des Musikpädagogischen Verbandes aktiv beteiligt. Einige Jahre war er gar Präsident. Unter anderem veranstaltete der Verband Musikpädagogische Kongresse.

TOUR 2 – ARBEITSGRUPPE 2 GESCHICHTE – ARBEITSBLATT

Xaver Scharwenkas Leben und Wirken in 3 deutschen Staaten.
Lest nach, erkundet den historischen Hintergrund.

Ort: Obergeschoss

Nach eurer Teilnahme an der Führung durch das Kulturforum (Projektaufgabe 1) und dem gemeinsamen Anhören (Projektaufgabe 2) eines Ausschnittes des 1. Klavierkonzerts b-Moll op. 32 (Projekt-CD Nr. 1) von Xaver Scharwenka steht nunmehr die Gruppenarbeit im Mittelpunkt. Erarbeitet gemeinsam das Thema und präsentiert zum Abschluss eure Ergebnisse. Einigt euch selbständig, wer welche Aufgaben übernimmt.

>>> **Los geht's.**

Projektaufgabe 7: im Königreich Preußen
Kurzvortrag: Über die historische Situation während Scharwenkas Kindheit und Jugend
Lesestoff:
Schülerbuch 7/8 Geschichte *plus*; Ausgabe Brandenburg; Tipp: S. 81/82; 168/169; 223-226
Eberhard Geiger „Wer war Xaver Scharwenka?"; Tipp: S.11-14
Xaver Scharwenka „Klänge aus meinem Leben"; Tipp: S. 9; 20; 23

Projektaufgabe 8: im Deutschen Kaiserreich, die Wilhelminische Zeit
Kurzvortrag: Über die historische Situation in der Zeit seiner Entwicklung zur international anerkannten Künstlerpersönlichkeit
Lesestoff:
Eberhard Geiger „Wer war Xaver Scharwenka?"; Tipp: S. 17-34
Xaver Scharwenka „Klänge aus meinem Leben"; Tipp: S. 47-50 (Auszüge)
Schülerbuch Grundwissen Geschichte - Sek. II; Tipp: S. 114/115; 122-125
Schülerbuch 7/8 Geschichte *plus*; Ausgabe Brandenburg; Tipp: S. 238/239
Schülerbuch 9/10 Geschichte *plus*; Ausgabe Brandenburg; Tipp: S. 9-11; 23/24
Schülerbuch Grundwissen Geschichte - Sek. I; Tipp: S. 60-67

Projektaufgabe 9: in der Weimarer Republik
Kurzvortrag: Über die historische Situation während seines letzten Lebensabschnitts
Lesestoff:
Eberhard Geiger „Wer war Xaver Scharwenka?"; Tipp: S. 34-36
Xaver Scharwenka „Klänge aus meinem Leben"; Tipp: S. 134
Schülerbuch Grundwissen Geschichte (Sek. I); Tipp: S. 68-71
Schülerbuch Grundwissen Geschichte - Sek. II; Tipp: S. 151-165
Schülerbuch 9/10 Geschichte *plus*; Ausgabe Brandenburg; Tipp: S. 91-93

Zusatzliteratur: Für alle Projektaufgaben - Lesetafeln im Musikermuseum einbeziehen!

Projektaufgabe 10: Zwischenfazit - tauscht eure Gedanken und Erkenntnisse aus und bereitet euch auf die Präsentation zum Abschluss des Schülerprojekts vor.

Hinweis: Danach versammeln sich alle wieder im großen Saal zur Präsentation und dem Finale.

TOUR 2 – ARBEITSGRUPPE 2 GESCHICHTE – LÖSUNGSBLATT 7

Zur Projektaufgabe 7
Den historischen Hintergrund erkunden: Königreich Preußen von 1850 – 1871.

Situation zur Zeit Scharwenkas Kindheit und Jugend (1850-1871)

Um 1850 waren noch immer die Wirren der gescheiterten Demokratischen Revolution von 1848/49 zu spüren. Das Ziel des Bürgertums, einen deutschen Nationalstaat zu gründen, scheiterte am Widerstand der deutschen Fürsten. Die so genannte Gegenrevolution der Fürsten verhinderte die nationalstaatliche Einheit.

Der Deutsche Bund von 1815 wurde ab 1851 wieder hergestellt, d.h. ein lockerer Verbund von 39 deutschen Einzelstaaten!

Die beiden deutschen Großmächte Preußen und Österreich kämpften verbissen um die Vorherrschaft. Preußens neuer König, Wilhelm I. (seit 1858 auf dem Thron), setzte vor allem auf militärische Stärke und baute sein Heer bedeutend aus. In 1863 führten Preußen und Österreich noch gemeinsam Krieg gegen Dänemark, um Schleswig zurückzuerobern. Schließlich kam es 1866 zum Krieg zwischen Preußen und Österreich, den die Preußen gewannen. Die Auflösung des Deutschen Bundes war die Folge.

Auch die Spannungen zwischen Preußen und Frankreich nahmen zu, so dass es im Juli 1870 zum Kriegsausbruch kam. Die Staaten des Norddeutschen Bundes (seit 1867) und die süddeutschen Staaten kämpften gemeinsam an der Seite Preußens. Dieses einheitliche Handeln führte zum Sieg der Deutschen über die Franzosen.

Zu Preußen und Polen

Sowohl Geiger als auch Scharwenka weisen auf die Teilungen Polens hin.

Zur Info: Polen wurden **3** Teilungen durch **Preußen**, Russland und Österreich aufgezwungen.

1. Teilung 1772: Bildung von **Westpreußen** (u.a. mit Fluss Netze; der Stadt Bromberg); Russland annektiert Teile Ostpolens (Gebiet um Witebsk) und Österreich Teile Südpolens (Galizien; Fluss Dnjestr)

2. Teilung 1793: **Südpreußen** kommt hinzu; hier liegen die Geburtsstadt Scharwenkas Samter sowie Posen; Russland erzwingt den Anschluss des riesigen Gebietes zwischen Minsk und Moldau und rückt somit nach Westen vor;

3. Teilung 1795: **Neu-Ostpreußen** entsteht (u.a. mit den Masuren); Russland rückt noch weiter nach Westen vor bis nach Brest-Litowsk (kurz vor Warschau!); Österreich beansprucht das Gebiet zwischen Warschau und Krakau

Rund 123 Jahre existierte Polen als Staat nicht mehr. Erst in Folge des Ersten Weltkrieges erlebte Polen 1918 eine „Wiedergeburt".

Zu Scharwenkas Geburtsstadt

Vor der Teilung hieß diese Stadt Szamotuly (auch heute wieder). Als Scharwenka 1850 dort das Licht der Welt erblickte war diese Stadt bereits in preußischer Hand. Sie hieß jetzt Samter und war Teil der Provinz Posen (heute Poznań) des preußischen Staatsgebiets Südpreußen.

Tipp: Interessantes zum Vorlesen aus X. Scharwenkas Biografie, S. 20 und S. 23 über seine Schuljahre.

TOUR 2 – ARBEITSGRUPPE 2 GESCHICHTE – LÖSUNGSBLATT 8

Zur Projektaufgabe 8
Den historischen Hintergrund erkunden: Deutsches Kaiserreich von 1871 – 1918.

Ein kurzer Überblick
Es war eine sehr ereignisvolle Zeit, die in die Geschichte Deutschlands und Europas, ja der ganzen Welt einging.

- Nach dem Scheitern der deutschen Revolution 1848 trieb der preußische Ministerpräsident, Otto von Bismarck, die Bildung eines deutschen Nationalstaates voran. Preußen versprach sich dadurch Vorteile in Handel und Wirtschaft.
- Der Krieg 1870/71 gegen Frankreich zeigte deutlich, dass die Unterschiede zwischen den vielen deutschen Staaten an Bedeutung verloren hatten.
- Die lang angestrebte Gründung eines geeinten Reiches wurde schließlich in Folge des deutsch-französischen Krieges durch die Ausrufung des preußischen Königs Wilhelm I. zum deutschen Kaiser vollzogen.
- Das neu geschaffene Kaiserreich erlies im selben Jahr die Reichsverfassung, die jedoch die Vorherrschaft von König, Adel und Militär nicht antastete. Es gab zwar Wahlen zum Parlament, jedoch mit Einschränkungen.
- Gesellschaft und Wirtschaft veränderten sich stark, vor allem durch Städtewachstum, Industrialisierung, Entstehung einer Unterhaltungsbranche. Politische Aktivitäten wurden teilweise stark beschnitten.
- Die europäischen Industriestaaten und großen Industrieunternehmen strebten unaufhörlich nach Rohstoffen und Absatzmärkten. Eine neue Phase der Kolonialherrschaft begann. Das produzierte Spannungen zwischen den europäischen Ländern. Dies führte zur Aufrüstung.
- Die Balkankrise 1914 verschärfte die Situation. Das serbische Attentat auf den österreichisch-ungarischen Thronfolger wurde zum Anlass genommen für Kriegerklärungen.
- Mit dem Einmarsch deutscher Truppen in Luxemburg und Belgien brach Anfang August 1914 der Erste Weltkrieg aus.
- Der anfangs mit Begeisterung aufgenommene und geführte Krieg endete 1918 nach einer langen und grausamen Material- und Menschenschlacht.
- Der Zusammenbruch des Deutschen Kaiserreiches war die Folge.

Der Erste Weltkrieg, kurz zusammengefasst
➤ **Zu den Ursachen, u.a.:**
- globale Rivalitäten der europäischen Großmächte
- Weltmachtpolitik unter Kaiser Wilhelm II.
- Zunahme der Spannungen und Konflikte zwischen den europäischen Staaten
- Wettrüsten der Großmächte
- allgemeine Kriegsbereitschaft auch großer Teile der Bevölkerung

➤ **Zu den Zielen, u.a.:**
Deutschland:
- europäische Vorherrschaft   - Gewinnung von Rohstoffquellen in Frankreich und Russland
- Eingliederung Belgiens ins deutsche Reich
Frankreich:
- Revanche für Niederlage 1870/71   - Wiedererlangung der europäischer Vormachtstellung
Großbritannien:
- Sicherung des britischen Imperiums   - Zerschlagung der deutschen Flotte

TOUR 2 – ARBEITSGRUPPE 2 GESCHICHTE – LÖSUNGSBLATT 9

Zur Projektaufgabe 9
Den historischen Hintergrund erkunden: Weimarer Republik von 1918 – 1924.

Kurze Übersicht, mit Blick bis 1924, dem Jahr, in dem Scharwenka starb.

Die Weimarer Republik war die deutsche Staatsform zwischen dem Untergang des Kaiserreiches 1918 und der Machtergreifung der Nationalsozialisten unter Hitler 1933.

Zum Gründungsdatum: 3 Ereignisse waren bestimmend: A) der 9. November 1918, der Tag der „Novemberrevolution", an dem die deutsche Republik ausgerufen wurde und der deutsche Kaiser ins Ausland floh; B) der 19. Januar 1919, der Tag der Wahlen zur Nationalversammlung Deutschlands, die in der thüringischen Stadt Weimar durchgeführt wurden (auf Grund der revolutionären Nachwirren in Berlin); C) der 14. August 1919, der Tag an dem die Weimarer Verfassung in Kraft trat. In Deutschland übernahmen politisch gemäßigte Kräfte die Macht. Deutschland wurde eine parlamentarische Republik mit einem Reichspräsidenten an der Spitze. Zahlreiche politische und wirtschaftliche Krisen hemmten die demokratische Entwicklung, die vor allem auch durch den Versailler Vertrag belastet wurde. Im März 1920 kam es zum Kapp-Putsch, ein Militärputsch mit dem Ziel, die Regierung zu stürzen. Der Putsch brach aufgrund des Generalstreiks nach wenigen Tagen zusammen.

Das Jahr 1923 – ein besonderes Krisenjahr: * französische und belgische Truppen besetzten das Ruhrgebiet (wegen ausstehender Reparationszahlungen); * Reichswehrtruppen schlugen den Aufstand kommunistischer Kräfte in Sachsen und Thüringen nieder; * die Inflation führte zum völligen Verfall der Währung; *Info*: z.B. Preisentwicklung in Berlin:

> 09.06.1923: 1 Ei = 800 Reichsmark; 1 Lt. Milch = 1440 RM; 1 Kg Kartoffeln = 5000 RM
> 02.12.1923: 1 Ei = 320 Milliarden; 1 Lt. Milch = 360 Mrd.; 1 Kg Kartoffeln = 90 Mrd.

Die Lebens- und Arbeitsverhältnisse der Menschen veränderten sich grundlegend, vor allem durch aufkommende Massenproduktion, Massenkonsum und Massenmedien. Ein Wandel der Frauenrolle setze ein (z.B. Wahlrecht ab 1919), sozialpolitische Reformen begannen, starke Veränderungen in Wohnverhältnissen, Bildungspolitik sowie in Kunst, Kultur und Architektur.

Über Die „Goldenen Zwanziger Jahre"

Die „Goldenen 20er": das ist der Inbegriff freier persönlicher Entfaltung in den 20er Jahren des 20. Jahrhunderts. Ein neues Kultur- und Kunstverständnis entstand. *Kennzeichnend* waren u.a.: 1. Die Frauen verlassen Heim und Herd; Selbständigkeit und selbstbewusstes Auftreten, auch in der Öffentlichkeit, waren jetzt angesagt. Die Einführung des Wahlrechts für Frauen (ab 1919) stärkte zusätzlich die Position der Frau in der Gesellschaft. 2. Die wilden Berliner Jahre: Es waren Jahre des ausgelassenen „wilden" Vergnügens. Zugleich entwickelte sich ein breites kulturelles Leben. 3. Die Anfänge der Mediengesellschaft: Tageszeitungen erscheinen in bisher nie dagewesenen Massenauflagen. Es begann der Siegeszug der Schallplatte, des Radios (1923), des Kinos (Tonfilm 1929). 4. Die Kultur wird politisch: Künstler greifend zunehmend in die politischen Debatten ein. Einige bekannte Vertreter:
- Schriftsteller Erich Maria Remarque mit dem Antikriegsroman „Im Westen nichts Neues",
- Maler Otto Dix mit seinen Antikriegsthemen,
- Bertolt Brecht mit seinen zahlreichen Gedichten und Theaterstücken,
- Architekt Walter Gropius, der 1919 in Weimar das so genannte Bauhaus schuf. Bauhaus als Institution/Kunstschule. Gropius entwickelte ein neues Konzept (Bauhausstil):
  Zusammenführung von Kunst, Handwerk und Design im Bau von Wohnungen, die auch für „einfache Leute" erschwinglich sein sollten.

TOUR 2 – ARBEITSGRUPPE 3 KUNST und TANZ – ARBEITSBLATT

Musik, Kunst und Bewegung miteinander verbinden!

Ort: großer Saal mit CD-Player

Nach eurer Teilnahme an der Führung durch das Kulturforum (Projektaufgabe 1) und dem gemeinsamen Anhören (Projektaufgabe 2) eines Ausschnittes des 1. Klavierkonzerts b-Moll op. 32 (Projekt-CD Nr. 1) von Xaver Scharwenka steht nunmehr die Gruppenarbeit im Mittelpunkt. Erarbeitet gemeinsam das Thema und präsentiert zum Abschluss eure Ergebnisse. Einigt euch selbständig, wer welche Aufgaben übernimmt.

>>> **Los geht's.**

Projektaufgabe 11: Zeichnen/Malen zur Musik von Xaver Scharwenka
Diese Aufgabe verlangt euch viel Geduld und Kreativität ab: hört euch dennoch entspannt Scharwenkas Musik an und versucht, eure Gedanken und Gefühle in ein Bild oder Skizze umzusetzen. Wählt aus diesen Titeln aus: Piano Trio Fis-Dur op. 1 (Projekt-CD Nr. 3) oder Romanzero op. 33 (Projekt-CD Nr. 5)
Unterrichtsmittel:
Zeichenblock; Malstifte

Projektaufgabe 12: Bilder verstehen, mit Bildern kommunizieren
Hier geht es um Bildbetrachtung. Schaut euch das Porträt Xaver Scharwenka, gemalt 1920 von Theodor Wedepohl, genau an. Versucht mit Unterstützung der beigelegten Tipps eure Gedanken zu ordnen. Macht Notizen. Anschließend, werft einen Blick auf die künstlerisch-historischen Konzertplakate.
Unterrichtsmittel:
Scharwenka Porträt an der Wandseite vorn im Saal
Plakate an der Wandseite hinten, Saal
Tipps zur Bildbetrachtung

>>> *Für 11 und 12 = Lesestoff zur Info:* Eberhard Geiger „Wer war Xaver Scharwenka?"

Projektaufgabe 13: Experiment wagen
Jetzt sind euer Mut und eure Fantasie gefragt, denn ihr sollt euch nach Scharwenka Musik bewegen und beim Finale *eventuell* vorführen.
Diesmal aber nach der Musik *von Bruder PHILIPP.*
Also, hineinhören: op. 20 = 2 Polnische Tänze: Polonaise u. Mazurka (Projekt-CD Nr. 6), dann einen Titel auswählen und probieren!

Projektaufgabe 14: Zwischenfazit - tauscht eure Gedanken und Erkenntnisse aus und bereitet euch auf die Präsentation zum Abschluss des Schülerprojekts vor.

Hinweis: Alle Mitglieder der Arbeitsgruppen versammeln sich zur angegebenen Zeit wieder im großen Saal zur Präsentation und dem Finale.

TOUR 2 – ARBEITSGRUPPE 3 KUNST und TANZ – LÖSUNGSBLATT 12

Zur Projektaufgabe 12
Bilder verstehen, mit Bildern kommunizieren. Bildbetrachtung Porträt Xaver Scharwenka.

Hinweis: Die Lösung der Projektaufgaben 11 bis 13 erfolgt **individuell.**
Hier jedoch einige allgemeine **Tipps zum Betrachten von Bildern** im Sinne der Aufgabe **12**.

Schritte einer Bildbetrachtung

1. Das Bild in Ruhe anschauen
Wir nehmen uns Zeit, das Bild anzuschauen und es auf uns wirken zu lassen.
Falls die Gruppe sehr unruhig ist, kann es eine Hilfe sein, dazu ruhige Musik zu spielen.

2. Das Bild beschreiben
Das, was wir sehen, „zeichnen" wir in Worten gemeinsam nach. So, als wollten wir einem Blinden einen Eindruck von diesem Bild vermitteln.
Auch scheinbar Unwichtiges oder Selbstverständliches soll dabei genannt werden.
Beschreibt die Farben, Formen, Gesten, den Bildaufbau, die Struktur, das Material usw.

3. Informationen einbringen
Falls ihr verschiedene Informationen zu dem Bild habt, dann tragt sie vor, z.B.
- Bedeutung von Symbolen, Gesten, Gewändern,
- Entstehungs- und Wirkungsgeschichte des Bildes
- biografische Informationen über Künstler/in und seinem/ihren Anliegen

4. Bild deuten
Worum geht es in diesem Bild?
Wie hat die Künstlerin/der Künstler das Thema dargestellt und gedeutet?
Was ist hervorgehoben?
Welche Probleme und Überzeugungen kommen dabei zum Ausdruck?
Welche Frömmigkeit spiegelt dieses Bild?

5. Dem Bild begegnen
Zum Abschluss einer Bildbetrachtung ist es gut, wieder zum subjektiven Eindruck zurückzukommen:
Was zieht mich an diesem Bild an?
Womit habe ich Schwierigkeiten?
Wenn die Person/en auf dem Bild sprechen könnten, was würde/n sie sagen?
(in der direkten Rede formulieren!)

6. Vertiefen der Bildbetrachtung durch kreatives Tun
Die Erfahrungen mit einem Bild kann man auf verschiedenste Weise ausdrücken:
- das Bild abzeichnen,
- den Umriss zeichnen und selber gestalten,
- kreative Texte schreiben,
- eine Szene pantomimisch darstellen,
- ein zum Thema passendes Lied singen usw.

TOUR 2 – ARBEITSGRUPPE 4 GEO und ENGLISCH – ARBEITSBLATT

Auf den Spuren Scharwenkas in Europa und in den USA

Ort: Klubraum

Nach eurer Teilnahme an der Führung durch das Kulturforum (Projektaufgabe 1) und dem gemeinsamen Anhören (Projektaufgabe 2) eines Ausschnittes des 1. Klavierkonzerts b-Moll op. 32 (Projekt-CD Nr. 1) von Xaver Scharwenka steht nunmehr die Gruppenarbeit im Mittelpunkt. Erarbeitet gemeinsam das Thema und präsentiert zum Abschluss eure Ergebnisse. Einigt euch selbständig, wer welche Aufgaben übernimmt.

\>>> **Los geht's.**

Projektaufgabe 15/Geo: Scharwenka als früher „global player"

Vorschlag: 1. Schritt: Lesen und Herausfinden: Städte in Europa und USA, in denen X. Scharwenka Konzerte gab bzw. tätig war. 2. Schritt: Diese Städte in Atlas / Wandkarte aufsuchen. 3. Schritt: Tabellen ausfüllen; nach Bedarf die Umrisskarte als grobe Orientierungshilfe nutzen. 4. Schritt: Kurzvortrag über den frühen „global player" vorbereiten, unter Einbeziehung der Wandkarte.

Lesestoff: E. Geiger „Wer war Xaver Scharwenka?"; Tipp: S. 18; 23; 25; 27; 28; 32; 35
X. Scharwenka „Klänge aus meinem Leben"; optional: S. 79; 91-93; 96/97; 107; 115/116; 128-130;
Materialien: Atlas; Umrisskarte; Wandkarte Europa bzw. Nordamerika/USA, Lesetafeln im Musikermuseum

Projektaufgabe 16/En: Xaver Scharwenka in England

Kurzvortrag: Interessante Begebenheiten in England.
Read the English text (below) and note something about Xaver Scharwenka's stay in England.
Lesestoff:
Xaver Scharwenka "Sounds from my life". p. 68/69; 74/75; 64/65
Cornelsen Schulwörterbuch English G 21

Projektaufgabe 17/En: Das Intermezzo - Scharwenka in den USA

Kurzvortrag: Interessante Begebenheiten in den USA.
Read the English text (below) and note something about Scharwenka's life/work in the USA.
Lesestoff:
Xaver Scharwenka "Sounds from my life". p. 100/101; 113/114; 116/117
Lesetafeln im Musikermuseum
Cornelsen Schulwörterbuch English G 21

Projektaufgabe 18/Geo: Historischer Hintergrund

Kurzvortrag: die USA ausgangs des 19. Jahrhunderts
Lesestoff: Schülerbuch 9/10 Geschichte plus, Ausgabe Brandenburg; Tipp: S.30/31; 33;43/44

Projektaufgabe 19: Zwischenfazit - tauscht eure Gedanken und Erkenntnisse aus und bereitet euch auf die Präsentation zum Abschluss des Schülerprojekts vor.

Hinweis: Alle Mitglieder der Arbeitsgruppen versammeln sich zur angegebenen Zeit wieder im großen Saal zur Präsentation und dem Finale.

Fortsetzung Arbeitsblatt Arbeitsgruppe 4

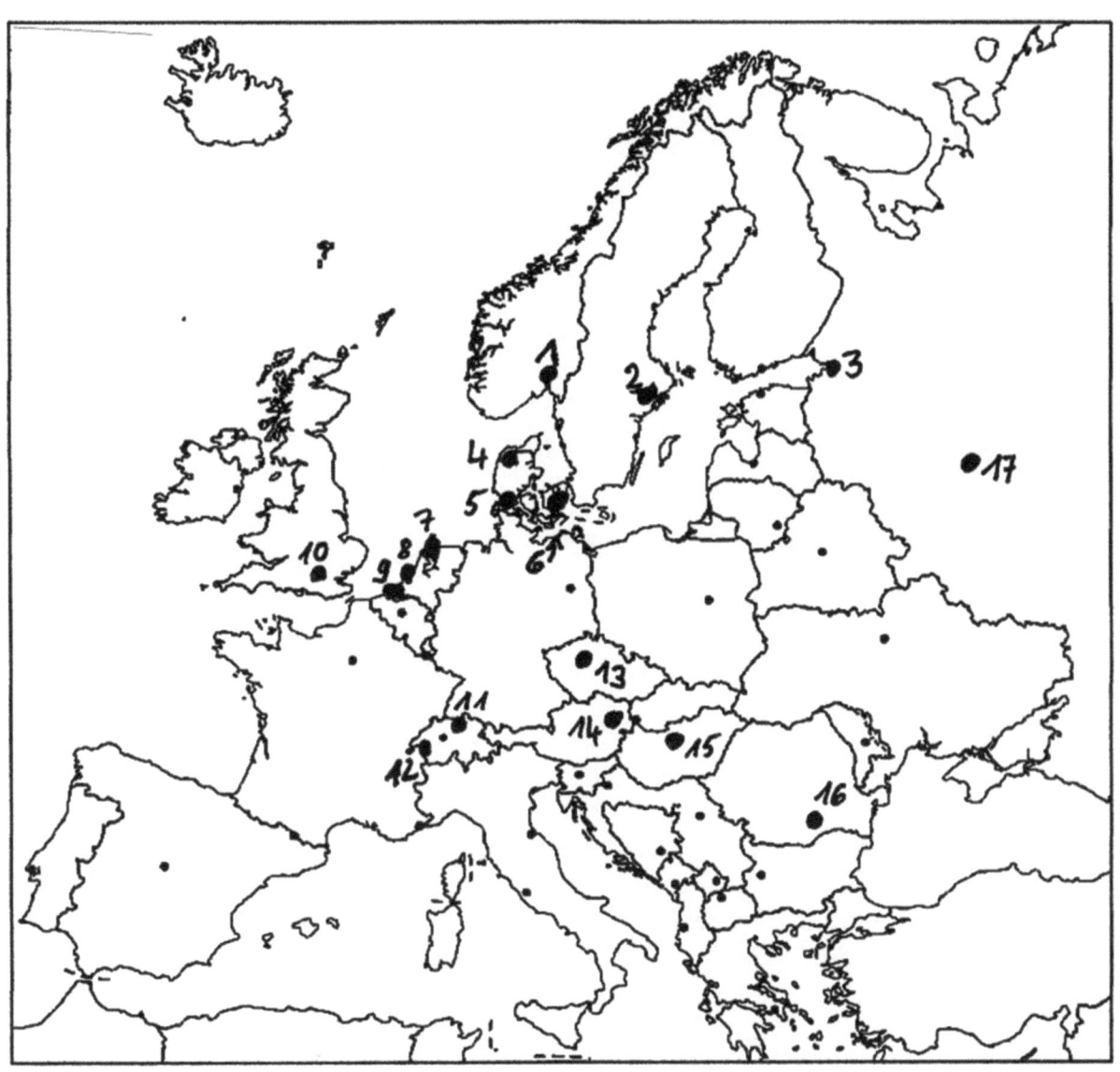

EUROPA

	Stadt	Land		Stadt	Land
1			11		
2			12		
3			13		
4			14		
5			15		
6			16		
7			17		
8					
9					
10					

… und in weiteren Städten Belgiens, Finnlands, Englands, Schwedens.

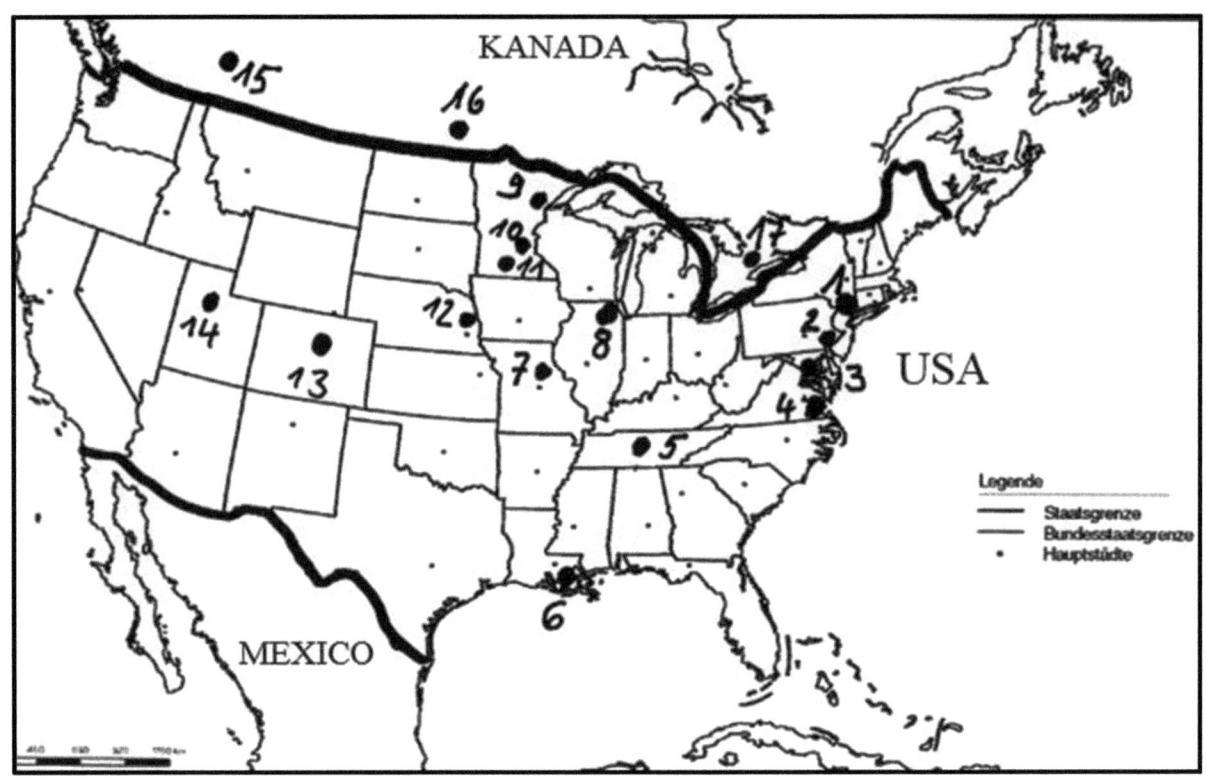

USA

	Stadt	Bundesstaat
1		
2		
3		
4		
5		
6		
7		
8		
9		
10		
11		
12		
13		
14		

KANADA

	Stadt	Provinz
15		
16		
17		

… und in weiteren Städten der USA und Kanadas.

TOUR 2 – ARBEITSGRUPPE 4 GEO./ENGLISCH –
LÖSUNGSBLATT 15

Zur Projektaufgabe 15 / Geo
Scharwenka als früher „global player"

EUROPA

	Stadt	Land		Stadt	Land
1	Kristiania / Oslo	Norwegen	11	Zürich	Schweiz
2	Stockholm	Schweden	12	Luzern	Schweiz
3	St. Petersburg	Russland	13	Prag	Tschechien
4	Randers	Dänemark	14	Wien	Österreich
5	Odense	Dänemark	15	Budapest	Ungarn
6	Kopenhagen	Dänemark	16	Bukarest	Rumänien
7	Amsterdam	Niederlande	17	Moskau	Russland
8	Den Haag	Niederlande			
9	Rotterdam	Niederlande			
10	London	Großbritannien			

… und in weiteren Städten Belgiens, Finnlands, Englands, Albaniens

Info: Wien, Budapest, Prag gehörten zu Scharwenkas Zeit zur Monarchie Österreich-Ungarn

	Stadt **USA**	Bundesstaat (BS)
1	New York City	New York
2	Philadelphia	Pennsylvania
3	Washington D.C.	kein BS; District of Columbia
4	Newport (News)	Virginia
5	Nashville	Tennessee
6	New Orleans	Louisiana
7	Mexico (zwischen St. Louis u. Hannibal)	Missouri
8	Chicago	Illinois
9	Duluth	Minnesota
10	St. Paul	Minnesota
11	Minneapolis	Minnesota
12	Omaha	Nebraska
13	Denver	Colorado
14	Salt Lake City	Utah

	Stadt **KANADA**	Provinz
15	Calgary	Alberta
16	Winnipeg	Manitoba
17	Toronto	Ontario

… und in weiteren Städten der USA und Kanadas.

Zur Projektaufgabe 16 / Englisch
Xaver Scharwenka in England. Interessante Begebenheiten herausfinden.

Drei interessante Begebenheiten in England aus Xaver Scharwenka "Sounds from my life" in Englisch lesen und übersetzen bzw. den Sinn wiedergeben

1. Auf den Seiten 68 und 68: Xaver Scharwenka als Retter in der Not

Xaver Scharwenka weilte 1879 in London. Diesmal besuchte er ein Konzert im Crystal Palace. Er saß mit seiner Frau in den vorderen Reihen und wollte das Es-Dur-Konzert von Beethoven als Zuhörer genießen. Eine Pianistin aus Paris war als Solistin angekündigt.

Plötzlich stieg der Dirigent vom Podium und ging auf Scharwenka zu. Er teilte ihm mit, dass die Pianistin nicht erschienen sei und bat Scharwenka, diesen Part zu übernehmen. Scharwenka sagte zu, setzte sich an den Flügel und spielte das Konzert.
Und er spielte wie immer wunderbar.

Die Konzertveranstaltung war gerettet und Xaver Scharwenka wurde mit tosendem Beifall gefeiert.

2. Auf den Seiten 74 und 75: Xaver Scharwenka und die Royals

Xaver Scharwenka war 1880 erneut in London. Im Juni gab er ein Abendkonzert in der Old Philharmonic Society. Royaler Besuch saß in der ersten Reihe:
Prince und Princess of Wales, beide in gut bürgerlicher Kleidung.

In der langen Pause erschien plötzlich der Prince of Wales in Scharwenkas Künstlerzimmer. Seine Hoheit bot ihm Zigaretten an, sie plauderten ganz ungezwungen. Er überbrachte Grüße seiner Gattin, die sich freuen würde, ihn näher kennenzulernen.

Scharwenka war erfreut und folgte dem Prince of Wales in den Saal. Die Princess fand viele freundliche und anerkennende Worte für Scharwenkas Künste.
Xaver Scharwenka war nicht nur darüber sehr angetan, sondern auch von der Schönheit der Princess.

Info:
Der Prince of Wales war zu dieser Zeit Edward Albert, der Sohn der Queen Victoria.
Alexandra of Denmark war die Princess of Wales.

3. Auf den Seiten 64 und 65: Xaver Scharwenka und die Seefahrt

Xaver Scharwenka schildert u.a. auf diesen Seiten seine „Erlebnisse" während der Überquerung des Kanals Anfang März 1878.

Kurz: es war jämmerlich, verflucht, schauderhaft und viel zu lang.
In London gab er Konzerte und verhandelte mit dem Verlag Augener.

TOUR 2 – ARBEITSGRUPPE 4 GEO./ENGLISCH –
LÖSUNGSBLATT 17

Zur Projektaufgabe 17 / Englisch
Scharwenka in den USA.
Interessante Begebenheiten herausfinden, aus seiner Biografie "Sounds from my life"

1. Auf den Seiten 100 und 101: Eine Konzerttour mit vielen Erlebnissen
Scharwenka gab im Januar 1891 in der New Yorker Metropolitan Oper ein vielbeachtetes Konzert. Anschließend ging er auf Tournee durch die USA. Über 3 Erlebnisse berichtet er:
a) über die Bahnfahrten, die ihm Vergnügen und Erholung bereiteten.
Wie denn das? Xaver Scharwenka war vom Komfort in den Zügen begeistert, denn dort gab State Rooms (Separat-Räume) u.a. mit: Fauteuils (Aussprache: fo'tœjs, = bequeme gepolsterte Armsessel), Sofa, Tisch, Stuhl, Waschraum mit warmen Wasser, Toilette. Weiterhin gab es einen Speisewagen und einen Aussichtswagen mit Bibliothek.
b) **In Washington** wurde Scharwenka vom Präsidenten Benjamin Harrison ins Weiße Haus eingeladen. Hier hatte er auch mit der Familien einen anregenden Abend ohne Musik. Musikalisch wurde es beim Abschiedsbesuch zwei Tage danach. Auf Bitten der Gattin des Präsidenten spielte Scharwenka ihr und den Enkelkindern auf dem Klavier vor.
c) **In Chicago** machte „Armours bewundernswürdige Anlage" mächtigen Eindruck auf Scharwenka. **Zur Info:** *Es handelte sich hierbei um die großen Gebäudekomplexe, die vom Unternehmer und Architekten Philip Danforth Armour geschaffen wurden: Schlachthöfe und Fleischfabriken. Chicago entwickelte sich zu dieser Zeit zur Fleisch-Metropole Amerikas auf der Grundlage der Industriellen Schlachtung und Fließbandproduktion von Fleisch.*
Scharwenka berichtet recht ausführlich darüber, auch über Kadaver usw. Sein Fazit zum Schluss: „Für die nächsten Tage wurde ich eingefleischter Vegetarier".

2. Auf den Seiten 113 und 114: Xaver Scharwenka siedelt über
Wohin? Wann? Und warum? Xaver Scharwenka siedelte 1891 in die USA über. In New York gründete er sein eigenes Institut: das Konservatorium, gewissermaßen eine Zweigstelle seines Berliner Konservatoriums. Bruder Phillip begleitete ihn, er übernahm den theoretischen Unterricht. Nach einem Jahr, im Juni 1892, kehrte er für 4 Monate nach Deutschland zurück. Im September 1892 reiste er dann mit seiner ganzen Familie wieder nach New York. Die Schiffsreise war sehr problematisch: Choleraerkrankungen im Hamburger Hafen und auch an Bord; Todesfälle unterwegs; 14 Tage Quarantäne im New Yorker Hafen. Dennoch stürmischer Empfang durch eine Kapelle, die Scharwenkas Musik spielte.
Info: *Scharwenka blieb bis 1898 in New York, immer wieder mit mehrmonatigen Aufenthalten in Deutschland.*

3. Auf den Seiten 116 und 117: Der unechte Scharwenka
Xaver Scharwenka bemerkte bei seinen ersten Konzertreisen in Amerika, dass das Publikum und auch ein Teil der Presse an seiner Identität zweifelten. Wieso? Ein gewisser Ernst Hoffmann, Klavierlehrer, gab sich als Scharwenka aus, spielte Konzerte und hatte viele Frauen betrogen (Hochzeitsschwindler, Mitgiftjäger). Er wurde entdeckt, tauchte jedoch unter, erschien aber eines Tages im Hause der Scharwenkas, um sein Motiv zu erklären: schlechte materielle Lage. Gleichzeitig bat er Scharwenka darum, eine Empfehlung an die Odd Fellow Loge zu geben. Scharwenka ließ ihn sanft rausschmeißen.

Info: *Odd Fellows: eine Vereinigung/ein Orden für wohltätige Zwecke; Loge=deren Arbeitsstätte*

TOUR 2 – ARBEITSGRUPPE 4 GEO./ENGLISCH – LÖSUNGSBLATT 18

Zur Projektaufgabe 18 / Geo
Den historischen Hintergrund aufklären. Die USA ausgangs des 19. Jahrhunderts.

Es geht um die 90er Jahre des 19. Jahrhunderts, denn von 1891 bis 1898 lebte und arbeitete Xaver Scharwenka in New York.

Wie war zu dieser Zeit die gesellschaftliche Situation in den USA?
1. Etwa um 1890 war die **Besiedlung Nordamerikas** durch die weißen Europäer weitgehend abgeschlossen.
Die Ureinwohner, die Indianer, wurden vertrieben, getötet oder zwangsweise umgesiedelt.

2. Die USA haben sich zur **führenden Industrienation der Welt** entwickelt und nehmen die Position einer **Weltmacht** ein.
Wie kam es dazu? Die wichtigsten Ursachen sind:
- rasante Einführung der industriellen Produktion, besonders Maschinenbau
- intensive Förderung eigener Rohstoffe: Steinkohle, Eisenerz
- landesweites Vorantreiben des Eisenbahnbaus und der Gleisanlagen
- Bau von Telegrafenlinien
Auch die **Landwirtschaft** profitierte von dieser industriellen Entwicklung:
Die Mechanisierung schritt schnell voran, wodurch höhere Erträge erzielt wurden. Das wiederum beförderte die Viehzucht und damit die Fleischproduktion.

Eine Hauptursache für den Aufschwung sah man in dem so genannten **Selbstverständnis der Amerikaner,** das schon Jahrzehnte zuvor heranreifte. Dieses kam am deutlichsten im **„American Dream"** zum Ausdruck. Darunter verstand man den Willen, sich von den feudalistischen bzw. engen kleinbürgerlichen Verhältnissen im alten Europa abzuheben und mehr (fast ausschließlich) auf das **Privateigentum** zu setzen. Nur so lasse sich Demokratie, Freiheit usw. verwirklichen.

3. Die Industrialisierung führte zur Bildung von riesigen **Monopolen und Trusts.**
Der unternehmerische Wettbewerb war dadurch stark eingeschränkt. Der Reichtum konzentrierte sich auf wenige Personen. Erst 1890 griff die Regierung mit dem Anti-Trust-Gesetz ein.

4. Die stürmische Entwicklung zur führenden Industrienation der Welt war verbunden mit einer **Verschärfung der sozialen Situation** der unteren Schichten der Bevölkerung.
Lohnkürzungen, fehlende soziale Absicherung usw. führten zur Verelendung sehr vieler Industriearbeiter. Spannungen, Arbeitskämpfe usw. waren die Folge.

5. **Neue Einwanderungen aus Süd- und Osteuropa und Asien** führten zu neuen Konflikten und verschärften die bestehenden sozialen Probleme. Die ersten Einwanderer kamen vor allem aus West- und Nordeuropa. Diese jetzigen US-Bürger waren nicht sehr erfreut über die neuen Einwanderer aus Italien, Polen usw. Man betrachtete die Neuen vielfach als „Fremdkörper", als Konkurrenz auf dem Arbeitsmarkt, da diese bereit waren, für noch schlechtere Bedingungen zu arbeiten. Auch die Schwarzen (erst 1865 wurde die Sklaverei offiziell abgeschafft), die nun verstärkt in den industriellen Norden zogen, wurden als Konkurrenten betrachtet.
Folge: Fremdenhass und Rassismus waren weit verbreitet.

TOUR 2 – ARBEITSGRUPPE **5** REGIONALES – ARBEITSBLATT

In der Ausstellung über Künstler und weitere Persönlichkeiten des öffentlichen Lebens, die in und um Bad Saarow lebten bzw. leben

Ort: Obergeschoss

Nach eurer Teilnahme an der Führung durch das Kulturforum (Projektaufgabe 1) und dem gemeinsamen Anhören (Projektaufgabe 2) eines Ausschnittes des 1. Klavierkonzerts b-Moll op. 32 (Projekt-CD Nr. 1) von Xaver Scharwenka steht nunmehr die Gruppenarbeit im Mittelpunkt. Erarbeitet gemeinsam das Thema und präsentiert zum Abschluss eure Ergebnisse. Einigt euch selbständig, wer welche Aufgaben übernimmt.

>>> **Los geht's.**
Schaut euch gründlich die ortsgeschichtliche Ausstellung an.

Projektaufgabe 20: Ortsgeschichtliches

Entdeckt Wissenswertes über die Künstler und anderen Persönlichkeiten des öffentlichen Lebens, die in Bad Saarow und Umgebung lebten bzw. leben. Gebt bei der Präsentation einen Überblick über diese Ausstellung und geht dabei auch auf Folgendes ein:
1) Warum weil(t)en in Bad Saarow so viele Künstler und andere Persönlichkeiten?
2) Was für Künstler sind hier präsent (z.B. Schauspieler usw.) und welche Bereiche vertreten die anderen Persönlichkeiten (z.B. Medizin)?
3) Viele Großeltern von euch haben sicherlich eine enge Beziehung zu diesen Künstlern und Persönlichkeiten. Sie würden sich bestimmt freuen, wenn ihr euch einige Namen aus dieser Ausstellung merken und darüber erzählen könntet. Welche habt ihr ausgewählt?
4) Außer Scharwenka wurden noch andere Künstler und Persönlichkeiten international bekannt. Findet Namen heraus und notiert einige Fakten darüber.
5) Das Leben und kreative Schaffen in Bad Saarow fand unter *sehr unterschiedlichen gesellschaftlichen Verhältnisse* statt. Erkundet Ortsgeschichtliches in diesen vier Zeitabschnitten:
   > 1906 – 1918; > 1918 – 1945; > 1945 - 1989/90 sowie > 1989/90 bis heute

Unterrichtsmittel zum Nachschlagen / zur Information:
   Schülerbuch Grundwissen Geschichte Sek. II
   Schülerbuch 7/8 Geschichte *plus. Ausgabe Brandenburg*
   POCKET TEACHER **Musik** 5.-10. Klasse // POCKET TEACHER **Musik** *Abi*
   Fremdwörterbuch
   Eberhard Geiger „Wer war Xaver Scharwenka?"

Projektaufgabe 21: Künstlerische Kreativität im KUNSTkabinett

Bekannte Saarower Künstler stellen hier aus. Klärt auf: Wer stellt hier was aus. Welcher Kunstgattung kann man es zuordnen? Und: Wie gefällt es euch? Berichtet nachher bei der Präsentation darüber.

Projektaufgabe 22

Zwischenfazit – Gedanken/Erkenntnisse austauschen; Präsentation vorbereiten.

Hinweis: Alle Mitglieder der Arbeitsgruppen versammeln sich zur angegebenen Zeit wieder im großen Saal zur Präsentation und dem Finale.

TOUR 2 – ARBEITSGRUPPE 5 REGIONALES –
LÖSUNGSBLATT 20 + 21

Zu den Projektaufgaben 20 und 21

Hinweis: Es werden hier wechselnde Ausstellungen gezeigt. Wenn erforderlich, werden in einem gesonderten Blatt spezielle Infos übermittelt.

Zur Projektaufgabe 20: Ortsgeschichtliches

Entdeckt Wissenswertes über die Künstler und anderen Persönlichkeiten des öffentlichen Lebens, die in Bad Saarow und Umgebung lebten bzw. leben. Gebt bei der Präsentation einen Überblick über diese Ausstellung und geht dabei auch auf Folgendes ein:

1) Warum weil(t)en in Bad Saarow so viele Künstler und andere Persönlichkeiten?
Für viele war und ist Bad Saarow ein Refugium. (**Info**: lat. refugere; ein Refugium bezeichnet leicht veraltet einen Zufluchtsort, auch Unterschlupf). Für Künstler und Geisteswissenschaftler war und ist es mehr ein Ort, an dem man sich zurückziehen kann, um ungestört zu arbeiten oder zu entspannen. Bad Saarow mit dem Scharmützelsee, den umliegenden Wäldern, der reinen Luft bietet dazu günstige Möglichkeiten. Auch die Berlinnähe spielt eine Rolle.

2) Was für Künstler sind hier präsent (z.B. Schauspieler usw.) und welche Bereiche vertreten die anderen Persönlichkeiten (z.B. Medizin)?
Es sind vor allem: Schauspieler, Sänger, Regisseure, Komponisten, Pianisten, Dirigenten, Musikpädagogen/-Wissenschaftler, Komiker, Autoren, Übersetzer, Hochschullehrer, Tänzer, Bratschist, Maler, Schriftsteller, Choreografen, Moderatoren, Produzenten, Arrangeure, Wissenschaftler, Manager, Architekten, Ärzte, Journalisten, Sportler u.a.m. und auch diese:
Soubrette (**Info**: franz.: soubret = geziert; Soubrette ursprünglich: verschmitzte Zofe, Dienerin, die Vertraute ihrer Herrin; im Theater ein weibliches Rollenfach, naiv-heiter bis komisch, munter; in Schauspiel und Oper/Operette/Singspiel);
Diseuse (**Info**: eine Künstlerin des Kabaretts, die Chansons vorträgt; wird im deutschsprachigen Raum auch häufig synonym für Chansonnette verwendet. Der Begriff kommt aus dem Französischen und leitet sich ab von *dire* = sagen, sprechen, reden)
Die hier Vorgestellten sind keine Promis der bunten Medienwelt. Die Bekanntheit gründet sich auf Talent, Kreativität und Fleiß, zum Teil auch auf internationalem Erfolg.
Da es sich hier um eine Wechselausstellung handelt, sind nicht alle Berufe permanent vertreten.

3) Viele Großeltern von euch haben sicherlich eine enge Beziehung zu diesen Künstlern und Persönlichkeiten. Sie würden sich bestimmt freuen, wenn ihr euch einige Namen aus dieser Ausstellung merken und darüber erzählen könntet.
Welche habt ihr ausgewählt?
   >>> individuelle Lösung

4) Außer Scharwenka wurden noch andere Künstler und Persönlichkeiten international bekannt. Findet Namen heraus und notiert einige Fakten darüber.
Beispiele:
EMANUEL REICHER, 1849-1924, Schauspieler, Regisseur, war um 1914 Direktor der New-Yorker Theatergilde.
HENRY BENDER, 1867-1933, Schauspieler, Komiker mit Engagements in den USA, Frankeich und England.

KÄTHE DORSCH, 1890-1957, Operettensoubrette, Schauspielerin, jahrelanges Mitglied des Burgtheaters in Wien.

WILHELM FURTWÄNGLER, 1886-1954, Dirigent, Komponist, international anerkannt.

HARRY LIEDTKE, 1882-1945, Schauspieler, Engagement in New York, einer der ersten Stars des deutschen Stummfilms.

ERNST LUBITSCH, 1892-1947, Schauspieler, Karriere als Regisseur in Hollywood, Oscar 1947, Honorary Award, Sterne auf dem Walk of Fame in Hollywood.

ANNY ONDRA, 1902-1987, Schauspielerin, Hitchcock produzierte mit ihr mehrere Filme, war die erste synchronisierte Schauspielerin der Filmgeschichte.

PAUL LUDWIG STEIN, 1892-1951, Schauspieler, Karriere als Filmregisseur in den USA und Großbritannien.

GISELA MAY, 1924, Schauspielerin, Diseuse, Gastspiele in Europa, Amerika und Australien. In Paris erhielt sie den „Grand Prix International du Disque".

ARMIN MUELLER-STAHL, 1930, Schauspieler, Musiker, Maler, Schriftsteller, Karriere in Hollywood, sein erster Film dort „Die ganze Wahrheit" (1989) brachte Welterfolg, 1997 Oscar-Nominierung.

ANNEROSE SCHMIDT, 1936, Pianistin, Hochschullehrerin, Konzerttourneen durch Osteuropa, West- und Nordeuropa, in die USA, nach Kanada und in den Libanon.

5) Das Leben und kreative Schaffen in Bad Saarow fand und findet unter unterschiedlichen gesellschaftlichen Verhältnisse statt. ***Erkundet Ortsgeschichtliches*** in diesen Zeitabschnitten:

In aller Kürze:

1906-1918: Gründungzeit der Villenkolonie
Um 1900 war in Saarow nicht viel los, wie Theodor Fontane zu berichten wusste.
In 1905/06 kaufte die Berliner Landbank die alten Rittergüter Saarow und Pieskow und gründete eine Siedlungsgesellschaft, die in der Seestraße eine Landhaussiedlung errichten ließ. Der bekannte Gartenarchitekt Ludwig Lesser und die Architekten Emil und Ernst Kopp zeichneten verantwortlich.
1908 waren die ersten Villen, das Wasser- und Elektrizitätswerk sowie Straßen gebaut. Es schlossen sich die Bahnverbindung sowie der Bau des legendären Bahnhofsensembles, des Strandbades und des Moorbades an. Der Aufschwung wurde durch den Ersten Weltkrieg unterbrochen. Kureinrichtungen und öffentliche Gebäude wurden vom kaiserlichen Heer genutzt.

1918-1945: „Goldene Zwanziger", folgenschwere Dreißiger und Kriegsjahre
Nach dem Ersten Weltkrieg gelang es trotz Inflation und Weltwirtschaftskrise, an den Vorkriegsaufbruch anzuknüpfen. Aus den bisherigen Gutsbereichen Saarow und Pieskow wurde 1923 die Gemeinde Bad Saarow gegründet. Wohlhabende Berliner ließen weiterhin attraktive Villen bauen. Viele Künstler suchten Refugien außerhalb der hektischen Metropole. Der Scharmützelsee wurde zum Ausflugsziel.
Ab 1933 erfolgte die Vereinnahmung des Kurortes durch die Nazis. Die Diskriminierung und Schikanierung der jüdischen Nachbarn eskalierten in Ausschreitungen während der Pogromnacht.
Seit 1937 war Bad Saarow Garnison. Die deutsche Wehrmacht stationierte drei Abteilungen der Luftwaffe. Während des Zweiten Weltkrieges wurden alle großen Häuser Reservelazaretts oder waren von NS-Organisationen und der SS konfisziert.

1945-1989/90: Nachkriegs- und DDR-Zeit
Am 25. April 1945 besetzte die sowjetische Armee den Ort. Die Saarower Gebäude hatten die Katastrophe weitgehend unbeschadet überstanden. Unter den Menschen hatten Krieg, Krankheiten und Inhaftierungen schmerzhafte Verluste hinterlassen. Die Liegenschaften der Wehrmacht gingen an die sowjetische Armee über.

Dennoch war Bad Saarow ein vielbesuchter Erholungsort. Betriebe bauten für ihre Mitarbeiter Urlaubsunterkünfte und für die Kinder Ferienlager. Auch die Sporttradition lebte fort, vor allem auf dem Scharmützelsee. Namhafte Kunst- und Kulturschaffende fanden einen Erholungs- und Schaffensort. Die Militärmedizinische Akademie zählte wie ihre Vorgängereinrichtungen zu den fachlich bedeutendsten Kliniken des Landes.

Ab 1989/90: Zeit seit der deutsch-deutschen Vereinigung
Die Vereinigung bedeutete auch für Bad Saarow-Pieskow Umbruch und Aufbruch zugleich. Der Kurort entwickelte sich zu einem leistungsfähigen Gesundheits- und attraktiven Tourismusstandort.
Voraussetzungen zur Umgestaltung waren die Schließung des sowjetischen Sanatoriums und die Räumung sowjetischer und deutscher militärischer Liegenschaften.
Neue Flächennutzungen, eine moderne Verkehrsinfrastruktur und die Umgestaltung des Kurparks sowie der Kureinrichtungen gehörten zu den Neuerungen.
Dennoch sind Arbeitslosigkeit und der Wegzug von Einwohnern zu verzeichnen. Aber auch neue Bewohner fanden in Bad Saarow ihr Zuhause. Mit der Eingemeindung von Petersdorf und Neu Golm zählt der Kurort über 5000 Personen.
Einen Höhepunkt bedeutete die Eröffnung der SaarowTherme. 1998 erhielt Bad Saarow als erster Kurort in Brandenburg die unbefristete Anerkennung als „Staatlich anerkanntes Thermalsole- und Moorheilbad".
Bedeutsam ist der Ausbau medizinischer und anderer wissenschaftlicher Einrichtungen. 2014 besteht die Saarower Klinik 60 Jahre. Das derzeitige Helios-Klinikum ist eines der großen Gesundheitszentren Ostbrandenburgs.

Zur Projektaufgabe 21:
Künstlerische Kreativität im KUNSTkabinett

Bekannte Saarower Künstler stellen hier aus. Verschafft euch einen Überblick. Wer stellt hier was aus. Welcher Kunstgattung kann man es zuordnen? Und: Wie gefällt es euch? Berichtet nachher bei der Präsentation darüber.

Hinweis:
Wie oben dargelegt, auch im KUNSTkabinett wechseln in bestimmten Abständen die Ausstellungen.

In der Regel wird immer ein Künstler oder eine Künstlerin seine/ihre Werke präsentieren. Aktuell wird ein Extra-Blatt darüber informieren.

NOTIZEN

Impressum

Bibliografische Information der Deutschen Nationalbibliothek:
Die Deutsche Nationalbibliothek verzeichnet diese Publikation in der Deutschen
Nationalbibliografie. Detaillierte bibliografische Daten sind im Internet über
http://dnb.d-nb.de abrufbar.

Autor:
Rainald Bierstedt

Dank an:
Bärbel Möckel,
Gerlinde Stobrawa und
Peter Wachalski,
für die Unterstützung.

Herausgeber:
Scharwenka Stiftung Bad Saarow, Moorstr. 3; 15526 Bad Saarow
E-Mail: info@scharwenka-stiftung.de
www.scharwenka-stiftung.de

Bilder:
Scharwenka Stiftung / Archiv
Internet free software (historische Aufnahmen von Musikern)

Herstellung und Verlag:
BoD – Books on Demand GmbH, In de Tarpen 42; 22848 Norderstedt

ISBN: 978-3-7347-3538-7

1. Version: 12/2014

FSC
www.fsc.org

MIX
Papier aus verantwortungsvollen Quellen
Paper from responsible sources
FSC® C105338